essentials

essentials liefern aktuelles Wissen in konzentrierter Form. Die Essenz dessen, worauf es als „State-of-the-Art" in der gegenwärtigen Fachdiskussion oder in der Praxis ankommt. *essentials* informieren schnell, unkompliziert und verständlich

- als Einführung in ein aktuelles Thema aus Ihrem Fachgebiet
- als Einstieg in ein für Sie noch unbekanntes Themenfeld
- als Einblick, um zum Thema mitreden zu können

Die Bücher in elektronischer und gedruckter Form bringen das Expertenwissen von Springer-Fachautoren kompakt zur Darstellung. Sie sind besonders für die Nutzung als eBook auf Tablet-PCs, eBook-Readern und Smartphones geeignet. *essentials:* Wissensbausteine aus den Wirtschafts-, Sozial- und Geisteswissenschaften, aus Technik und Naturwissenschaften sowie aus Medizin, Psychologie und Gesundheitsberufen. Von renommierten Autoren aller Springer-Verlagsmarken.

Weitere Bände in der Reihe http://www.springer.com/series/13088

Stefan Hunziker · Stefan Renggli
Marcel Fallegger

Interne Kontrollsysteme im Finanzbereich

Wirksame und effiziente Steuerung,
Kontrolle und Überwachung

Stefan Hunziker
Institut für Finanzdienstleistungen Zug
IFZ, HOCHSCHULE LUZERN
Luzern, Schweiz

Marcel Fallegger
Institut für Finanzdienstleistungen Zug
IFZ, HOCHSCHULE LUZERN
Luzern, Schweiz

Stefan Renggli
Institut für Finanzdienstleistungen Zug
IFZ, HOCHSCHULE LUZERN
Luzern, Schweiz

ISSN 2197-6708   ISSN 2197-6716   (electronic)
essentials
ISBN 978-3-658-22981-8   ISBN 978-3-658-22982-5   (eBook)
https://doi.org/10.1007/978-3-658-22982-5

Die Deutsche Nationalbibliothek verzeichnet diese Publikation in der Deutschen Nationalbibliografie; detaillierte bibliografische Daten sind im Internet über http://dnb.d-nb.de abrufbar.

Springer Gabler
© Springer Fachmedien Wiesbaden GmbH, ein Teil von Springer Nature 2018

Springer Gabler ist ein Imprint der eingetragenen Gesellschaft Springer Fachmedien Wiesbaden GmbH und ist ein Teil von Springer Nature
Die Anschrift der Gesellschaft ist: Abraham-Lincoln-Str. 46, 65189 Wiesbaden, Germany

Was Sie in diesem *essential* finden können

- Klärung des Schlagworts „internes Kontrollsystem" – was macht es aus und welchen Beitrag zur Steuerung des Finanzbereichs leistet es?
- Verständnis, welche Ansprüche die Unternehmensleitung an ein wirksames und effizientes Steuerungs- und Kontrollsystem stellen muss.
- Optimierungsempfehlungen, damit der Sprung von einer „Dokumentationsübung" zum wirksamen Führungsinstrument gelingt.
- Lessons Learned aus der Praxis, die helfen, die größten Stolpersteine bei der Umsetzung eines internen Kontrollsystems umgehen zu können.

Vorwort

Ein internes Kontrollsystem (IKS), das die Steuerung, Kontrolle und Überwachung des Finanzbereichs effizienter und wirksamer macht, stellt für viele kleinere und mittelgroße Unternehmen eine große Herausforderung dar. Zu oft wird es eher als regulatorisches Erfordernis und revisionsgetriebenes Instrument verstanden; das nutzenstiftende Potenzial zur Unterstützung der Unternehmensführung wird nicht ausgeschöpft. An diese Problematik möchten wir anknüpfen und haben uns deshalb zum Ziel gesetzt, an der Hochschule Luzern – Wirtschaft zusammen mit Wirtschaftspartnern ein praktikables Konzept zu entwickeln, das sich auf die finanzielle Steuerung und Kontrolle fokussiert und die freiwillige Umsetzung in kleinen und mittelgroßen Unternehmen fördert. Das Konzept soll insbesondere die spezifischen Charakteristika kleinerer Unternehmen berücksichtigen, wie z. B. die knappe Ressourcensituation oder die oft nur fragmentarisch dokumentierten Abläufe. Deshalb müssen kosteneffiziente Lösungen gefunden werden, wobei sich ein Ansatz dazu in der aktuellen Digitalisierungsentwicklung finden lässt: Ein angemessenes Mittel zur Steigerung der Effizienz ist der gezielte Einsatz der IT. Sie ermöglicht die Automatisierung von Prozessen, unterstützt automatisierte, präventive und kostengünstige Kontrollen, optimiert den Ressourceneinsatz und stellt die Überwachung der finanzrelevanten Prozesse und Aktivitäten sicher. Automatisierung alleine ist allerdings nur ein Puzzleteil auf dem Weg zu erfolgreicher interner Steuerung und Kontrolle – auch viele weiche Faktoren wie die Unternehmens- und Kommunikationskultur werden im vorliegenden *essential* eine wichtige Rolle spielen.

Bevor wir uns aber intensiver mit der Steuerung und Kontrolle bei kleinen und mittelgroßen Unternehmen auseinandersetzen, bedanken wir uns herzlich bei:

- der Sage Schweiz AG und der Innosuisse (Schweizerische Agentur für Innovationsförderung) für die finanzielle Unterstützung, die mitunter die Veröffentlichung dieses *essential* ermöglicht hat;
- Herrn Moritz Bättig, Herrn Edwin Bütikofer, Herrn Raphael Bättig, Herrn Greg Herman und Herrn Walter Kaufmann von der Sage Schweiz AG für die laufende Unterstützung;
- Herrn Urs Ackermann, Herrn Willi Aggeler, Herrn Bruno Höhener, Herrn Adrian Stadler, Herrn David Stauffer und Frau Brigitt Zihlmann, Beteiligte am Innosuisse-Forschungsprojekt „Effektive und effiziente finanzielle Führung mit IT", für die wertvollen fachlichen und praktischen Einblicke;
- der *essential*-Projektgruppe sowie allen Kolleginnen aus dem Lektorat, der Herstellung und dem Marketing für die großartige Unterstützung und die Ermöglichung dieses *essentials;*
- unseren Angehörigen für die Geduld und das Verständnis für die etlichen durchgearbeiteten Wochenenden.

Unabhängig davon, in welcher Funktion Sie in einem Unternehmen tätig sind – sei es als Führungskraft, als Verantwortlicher für Finanzen, als Aufsichtsrat oder als Vertreter eines anderen Organs – wir sind überzeugt, dass Sie in diesem *essential* von den Erfahrungen der Autoren und den vielen involvierten Unternehmen profitieren können. Weiter werden Sie nützliche Informationen für die Beurteilung, Einführung und/oder Weiterentwicklung Ihres internen Kontrollsystems vorfinden und für Ihr Unternehmen verwenden können.

Stefan Hunziker
Stefan Renggli
Marcel Fallegger

Inhaltsverzeichnis

Über die Autoren

Prof. Dr. Stefan Hunziker, Professor für Enterprise Risk Management und Internal Control, Institut für Finanzdienstleistungen Zug IFZ, Hochschule Luzern, Grafenauweg 10, Postfach 7344, CH-6302 Zug.

Kontakt: stefan.hunziker@hslu.ch

Prof. Stefan Renggli, Professor für Accounting und Controlling, Institut für Finanzdienstleistungen Zug IFZ, Hochschule Luzern, Grafenauweg 10, Postfach 7344, CH-6302 Zug.

Kontakt: stefan.renggli@hslu.ch

Marcel Fallegger, Senior Wissenschaftlicher Mitarbeiter, Institut für Finanzdienstleistungen Zug IFZ, Hochschule Luzern, Grafenauweg 10, Postfach 7344, CH-6302 Zug.

Kontakt: marcel.fallegger@hslu.ch

Einleitung 1

Ein internes Kontrollsystem (IKS) stellt ein zentrales Führungsinstrument im Rahmen einer guten Corporate Governance dar. Es ist Pflichtelement jeder Unternehmensführung und liegt in der kollektiven Verantwortung der Unternehmensleitung. Im deutschsprachigen Raum bestehen klare regulatorische Vorgaben an ein IKS, die sich auf den Existenznachweis und die Abschlussprüfung auswirken. So sind in Deutschland die IKS-Vorschriften primär im Gesetz zur Kontrolle und Transparenz im Unternehmensbereich (KonTrag) verankert. Die Verpflichtung zur Berücksichtigung des IKS in der Abschlussprüfung ergibt sich aus den IDW Standards zur Buchführung. Das IKS in der Schweiz hat insbesondere durch die im Jahr 2008 im Obligationenrecht neu eingefügten Artikel 728a und 728b Auftrieb erhalten. Alle wirtschaftlich bedeutenden, großen Organisationen müssen sich der Herausforderung stellen, die Anforderungen der externen Revision an ein „existierendes IKS" zu erfüllen (vgl. Rautenstrauch und Hunziker 2011, S. 10 f.).

In den letzten zehn Jahren wurden insbesondere in der Schweiz viele kleine und mittelgroße Unternehmen durch Seminare, Lehrveranstaltungen oder Tagungen zum Thema IKS verunsichert, da oft Dokumentationen und Risiko-/Kontrollmatrizen von großen, börsennotierten Unternehmen präsentiert wurden, die für sie nicht sinnvoll umsetzbar sind (vgl. Mattig und Grab 2010, S. 190 ff.). Es erstaunt daher nicht, dass viele kleine und mittelgroße Unternehmen ihr IKS hauptsächlich als notweniges, regulatorisches Übel beurteilt haben, das Kosten und Dokumentationsaufwand generiert und kaum Nutzen stiftet. Kleine und mittelgroße Unternehmen mit oft angespannter Ressourcensituation in finanzieller und personeller Hinsicht sahen sich im Nachteil bez. der Umsetzung der „IKS-Dokumentationspflicht".

Die regulatorischen Vorgaben sowie die Ressourcensituation in kleinen und mittelgroßen Unternehmen sind Anlass, sich verstärkt mit der Bereitstellung

© Springer Fachmedien Wiesbaden GmbH, ein Teil von Springer Nature 2018 1
S. Hunziker et al., *Interne Kontrollsysteme im Finanzbereich*, essentials,
https://doi.org/10.1007/978-3-658-22982-5_1

eines Führungsinstrumentariums zu beschäftigen, das die IKS-Umsetzung im Finanzbereich auf freiwilliger Basis fördert. Es ist den Autoren dieses *essential* ein besonderes Anliegen, das IKS als unverzichtbares Element guter Unternehmensführung zu verstehen – unabhängig der gesetzlichen Situation. IKS in diesem Sinne soll also nicht lediglich als Kontrollinstrument im engeren Sinn begriffen werden, das vorwiegend dazu dient, Fehler aufzudecken oder zu verhindern. Vielmehr sehen wir das IKS auch als ein Steuerungssystem, das eine effiziente operative Planung und Führung des Finanzbereichs unterstützen kann. In diesem *essential* geht es also nicht primär darum zu beschreiben, wie die gesetzlichen Anforderungen an ein IKS erfüllt werden können, sondern darüber hinaus wie ein betriebswirtschaftlich sinnvolles Hilfsmittel zur Unterstützung der Unternehmenszielerreichung umgesetzt wird. Dabei leistet es u. a. einen wichtigen Beitrag zur Steuerung und Kontrolle der Liquidität, zur Effizienzsteigerung finanzieller Prozesse und schließlich zu einem nachhaltigen Unternehmenswachstum. Die Autoren sind überzeugt, dass mit einem auf kleinere Verhältnisse angepassten IKS ein wichtiger Beitrag zur finanziellen Führung geleistet werden kann.

Die nachfolgenden Ausführungen werden mit zahlreichen Beispielen aus der Praxis angereichert. Sie zeigen auf, wie ein IKS pragmatisch umgesetzt werden kann. Dabei werden konkrete Lösungsansätze für kleine und mittelgroße Unternehmen veranschaulicht. Für kleine Unternehmen erfolgen diese am Beispiel der im Beratungsgeschäft tätigen Termann AG. Als Beispiel eines mittelgroßen Unternehmens dient die Folper AG. Für sie als Generalunternehmerin sind der Einkauf und die effiziente Erbringung der Dienstleistungen zentrale Elemente des Unternehmenserfolgs.

Grundlagen zum IKS

2

In diesem Kapitel werden die Begrifflichkeiten, Konzepte und Nutzenaspekte eines IKS vorgestellt. Auf eine ausführliche Diskussion der gesetzlichen und revisionsorientierten Anforderungen an ein IKS wird bewusst verzichtet. Ebenso wird der Leser[1] keine tiefergehende Beleuchtung der wichtigsten Rahmenwerke zur internen Kontrolle – wie z. B. das COSO Rahmenwerk – finden. Zu diesen Themen existiert bereits eine Fülle an Literatur, auf die wir an dieser Stelle gerne verweisen (Bungartz 2017; Hunziker 2015; Sommer 2010). Zielführender ist es, das IKS aus einer betriebsinternen, praxisorientierten Perspektive zu verstehen. Nur damit kann die geforderte freiwillige Eigenkontrolle und der damit verbundene Nutzen eines angemessenen IKS für kleine und mittelgroße Unternehmen nachhaltig gefördert werden.

2.1 Kontrolle – ein Begriff mit Interpretationsspielraum

Die Erfahrung aus der Praxis zeigt klar auf, dass sich die wenigsten Unternehmen besonders gerne und freiwillig mit dem IKS beschäftigen. Eine Problematik der eher negativen Konnotation von IKS ist dem Begriff selbst geschuldet: Wer wird schon gerne kontrolliert? Wer befasst sich gerne mit Kontrolle und versteht sie als nützliches und wertvolles Instrument? Zudem wird mit IKS ein stark revisionsgetriebenes Thema assoziiert, das in erster Linie ein regulatorisches Erfordernis

---

[1]Aus Gründen der Lesbarkeit wurde im Text die männliche Form gewählt, nichtsdestoweniger beziehen sich die Angaben auf Angehörige beider Geschlechter.

© Springer Fachmedien Wiesbaden GmbH, ein Teil von Springer Nature 2018
S. Hunziker et al., *Interne Kontrollsysteme im Finanzbereich*, essentials,
https://doi.org/10.1007/978-3-658-22982-5_2

repräsentiert. Leider wird im deutschsprachigen Raum dazu tendiert, Kontrolle primär als Überwachungsinstrument zu verstehen. Folglich wird Kontrolle folgendermaßen interpretiert:

- Durchführung von Soll-Ist-Vergleichen, d. h. der Vergleich einer Zielgröße mit der realisierten Ist-Situation
- Durchführung von Abweichungsanalysen, d. h. die Eruierung der Gründe für Soll-Ist-Abweichungen
- Aufdecken von Prozessfehlern und Mängeln in der Arbeitsausführung (vgl. Hunziker 2015, S. 62)
- Mangelndes Vertrauen der Unternehmensleitung gegenüber den Mitarbeitenden

Eine solche Interpretation von Kontrolle bedeutet, dass sie in erster Linie detektiven Charakter (after-the-fact) aufweist und bereits eingetretene, unerwünschte Zustände aufdeckt (vgl. Hunziker 2015, S. 62). Zudem suggeriert sie eine eher negative Fehlerkultur. Ein Blick in den angelsächsischen Raum zeigt, dass IKS als „Internal Control" bezeichnet wird. Die Interpretation des Begriffs „Control" unterscheidet sich jedoch von derjenigen in deutschsprachigen Ländern. Control im Kontext der „Internal Control" repräsentiert Mechanismen, Verfahren und Richtlinien mit detektivem (gemachte Fehler aufdecken), aber auch präventivem (Fehler verhindern), steuerndem Charakter. Heute weiß man um die Relevanz des Schaffens und Aufrechterhaltens von Motivation und Handlungsspielraum durch sogenannte flexible Kontrollmaßnahmen.[2] Flexible Kontrollmaßnahmen beeinflussen das menschliche Verhalten indirekt durch soziale Beziehungen, Freiheiten bei der Ausführung der Aufgaben, Ermessensspielräume sowie organisationskulturelle Erfahrungen und nicht durch direkte Überwachungshandlungen.

Grundsätzlich lässt sich in der Literatur und in der Praxis keine breit akzeptierte und umfassende Kontrolltypisierung ausmachen. So können Kontrollen z. B. ihre verhaltensbeeinflussende Wirkung eher direkt oder indirekt, auf Normen, Wertvorstellungen und der Unternehmenskultur basierend, entfalten (vgl. Maijoor 2000, S. 105 f.). Direkte Kontrollen beziehen sich z. B. auf die Budgetkontrolle, die Beurteilung und Überwachung der Leistungen der Mitarbeitenden oder auf das Zuordnen von klaren Kompetenzen und Verantwortlichkeiten (vgl. Auzair und Langfield-Smith 2005, S. 418; Morris et al. 2006, S. 482). Indirekte Kontrollen, die

---

[2]vgl. z. B. zu den flexiblen Control-Mechanismen die Control-Konzeptionen von Simons (1995), Merchant und Van der Stede (2017).

direkte Kontrollen ergänzen oder auch ersetzen können, unterstützen ein erwünschtes Verhalten der Mitarbeitenden ohne administrative Weisungen oder direkte Interaktion zwischen Vorgesetzten und Mitarbeitenden (vgl. Pfaff und Ruud 2016, S. 82 ff.). Solche Kontrollen bedienen sich dem Prinzip der sozialen Kontrolle und der Selbstkontrolle (vgl. Liao 2005, S. 294). Weiter können Kontrollen eher manuell ausgelegt sein (z. B. Rechnungskontrolle durch Buchhaltungspersonal) oder vollständig mithilfe von IT-Systemen automatisiert werden (z. B. Summenabgleiche oder Plausibilitätschecks).

Kontrolltypen können nebst der direkten oder indirekten Funktion auch entlang der hierarchischen Struktur eines Unternehmens kategorisiert werden (vgl. Maijoor 2000, S. 105). Unterschieden werden können erstens Kontrollen auf Top Management-Level (top level controls). Hierzu zählen z. B. die generelle Überwachung durch die Unternehmensleitung sowie v. a. Beziehungen zu externen Anspruchsgruppen wie z. B. Fremdkapitalgebern und Lieferanten. Die zweite, für dieses *essential* primär wichtige Gruppe befasst sich mit Kontrollen zur Verhaltensbeeinflussung und -steuerung der Mitarbeitenden innerhalb von Unternehmen, Divisionen oder Abteilungen. Solche als middle level controls bezeichneten Verfahren werden durch die verschiedenen Aufgaben und Prozesse im Unternehmen konstituiert (vgl. Reichert 2009, S. 17). Die dritte, hierarchisch tiefste Gruppe befasst sich mit sogenannten lower level controls, die stark transaktionsorientiert ausgestaltet sind und u. a. die Sichtweise der Externen Revision repräsentieren. Im Vordergrund solcher Kontrollen steht z. B. das Aufzeichnen aller Geschäftstransaktionen mit Bezug zur Rechnungslegung.

Zusammenfassend kann festgehalten werden, dass Kontrollen viele verhaltensbeeinflussende Verfahren und Maßnahmen umfassen und deutlich umfangreicher charakterisiert sind als Kontrollen im deutschsprachigen Verständnis, die sich vorwiegend mit direkter Überwachung und dem Vergleich von Ist- und Soll-Zuständen befassen (vgl. Paetzmann 2012, S. 85). Im vorliegenden *essential* werden die Begriffe „Kontrolle" und „internes Kontrollsystem" verwendet, da sie geläufig sind und sich mittlerweile auch durchgesetzt haben. Allerdings werden darunter die angelsächsischen, umfassenderen Auslegungen verstanden.

2.2   Minimales versus optimales IKS

Damit der Leser nachvollziehen kann, warum die Autoren dieses *essential* sich nicht lediglich auf die regulatorische Auslegung eines IKS berufen, wird in der notwendigen Kürze auf die gesetzliche Entwicklung in der Schweiz eingegangen.

Der Schweizer Gesetzgeber fordert mit dem IKS nur die Abdeckung der Sicherstellung einer korrekten, verlässlichen finanziellen Berichterstattung ein (vgl. Hunziker et al. 2008, S. 3). Der Prüfungsstandard 890 vom Expertenverband für Wirtschaftsprüfung, Steuern und Treuhand bezieht sich explizit auf diese Einschränkung bzw. den engen, minimalen IKS-Fokus: „Der Begriff Internes Kontrollsystem wird [...] nicht in der üblichen Form verwendet, sondern inhaltlich eingegrenzt. Das IKS [...] umfasst nur jene Vorgänge und Maßnahmen in einer Unternehmung, welche eine ordnungsmäßige Buchführung und finanzielle Berichterstattung sicherstellen" (vgl. Treuhand-Kammer 2007, S. 3).

Die Konsequenz aus dieser „minimal" definierten Reichweite des IKS durch den Gesetzgeber ist klar: Für kleine und mittelgroße Unternehmen, die in der Regel nicht kapitalmarktorientiert sind, ist die reine Sicherstellung der korrekten Finanzberichterstattung nicht von höchster Relevanz. Der betriebswirtschaftliche Nutzen eines so ausgelegten IKS kann durchaus infrage gestellt werden.

Im vorliegenden *essential* wird aufgrund der Nutzeneinschränkung für kleine und mittelgroße Unternehmen eine breitere IKS-Definition vorgeschlagen. Sie geht über das von den Gesetzgebern geforderte Minimum der Sicherstellung der finanziellen Berichterstattung hinaus und orientiert sich – wo sinnvoll – auch am COSO-Rahmenwerk zur Internal Control (vgl. COSO 2013). In diesem *essential* werden unter IKS alle von der Unternehmensleitung und übrigen Führungsverantwortlichen angeordneten Vorgänge, Methoden und Instruktionen verstanden mit den Zielen:

- ein wirksames und effizientes Finanzmanagement sicherzustellen,
- das Geschäftsvermögen zu schützen,
- die internen und externen Gesetze und Vorschriften im Zusammenhang mit dem Finanzmanagement einzuhalten,
- eine zeitgerechte und verlässliche interne und externe finanzielle Berichterstattung zu gewährleisten,
- Fehler oder Unregelmäßigkeiten im Finanzbereich zu verhindern, zu vermindern und aufzudecken (vgl. Treuhand-Kammer 2010, S. 159).

Diese breiter gefasste IKS-Definition lässt klar erkennen, dass die finanzielle Berichterstattung zwar zu Recht ein wichtiger Pfeiler eines IKS darstellt, jedoch andere Aspekte wie die Sicherstellung und Verbesserung eines wirksamen und effizienten Finanzmanagements ebenfalls relevante Elemente eines IKS ausmachen.

2.3 IT-gestützte Kontrolltypen

IT-gestützte, d. h. automatisierte Kontrollen, werden als besonders kosteneffizient beurteilt und können meist einfach und wirkungsvoll umgesetzt werden. Die Nutzung von IT ermöglicht u. a. die Automatisierung von Prozessen, fördert präventive Kontrollen, verringert den Ressourceneinsatz und unterstützt die Überwachung der finanzrelevanten Aktivitäten und Prozesse (vgl. Hunziker et al. 2015a, S. 97).

Durch die Digitalisierungsdynamik und die damit verbundene zunehmende Bedeutung der IT über alle Branchen hinweg ist die Ebene der IT-Kontrollen für nahezu jedes Unternehmen ein hoch relevanter Kontrolltyp geworden. Obwohl heutzutage beinahe alle kleinen und mittelgroßen Unternehmen Software zur Unterstützung der Finanzprozesse im Einsatz haben, adressieren diese noch nicht in idealer Weise die spezifischen Herausforderungen eines IKS im Finanzbereich, wie Recherchen der Autoren und mehrere Gespräche mit Industriepartnern ergeben haben (vgl. Hunziker et al. 2015a, S. 97). Eine Untersuchung von KPMG bestätigt zudem, dass IKS vielfach über aufwendige, manuelle Kontrollen umgesetzt werden (vgl. KPMG 2010, S. 10). Eine weitere Studie von NTT Data zeigt, dass Software im Zusammenhang mit IKS zwar ein wichtiges Thema für kleine und mittelgroße Unternehmen ist. In erster Linie gilt dies aber im Hinblick auf die Dokumentation und die Verwaltung des IKS und weniger im Bereich der Effizienzsteigerung (vgl. NTT Data 2011, S. 2 f.).

Neben dem Aspekt des Effizienzgewinns durch IT-gestützte Kontrollen sind auf der anderen Seite die aus der IT entstehenden Risiken ein ernstzunehmendes Führungsthema. Die Unternehmensleitung wird in die Verantwortung gezogen, in angemessener Art und Weise den aus der IT entstehenden Risiken zu begegnen, in dem anwendungsbezogene IT-Kontrollen entwickelt und umgesetzt werden. Der Einsatz von IT generiert Risiken, wie z. B. dass nicht autorisierte Mitarbeitende Zugang zu Applikationen im Finanzbereich erlangen und somit Buchhaltungsdaten einsehen und verändern können. Somit könnten diese Daten manipuliert und z. B. fiktive Buchungen vorgenommen werden (vgl. Sutter et al. 2014, S. 29).

IT-basierte Kontrollen sollen nachfolgend als wichtiges Element eines ganzheitlichen IKS nähergebracht werden. Eine signifikante Effizienzsteigerung kann im IKS mit der Unterstützung von IT insbesondere dadurch erreicht werden, dass dem Prozess nachgelagerte, manuelle und aufdeckende Kontrollen durch prozessintegrierte, präventive Kontrollen ersetzt werden. Dazu wird auf die oben vorgestellte IKS-Definition abgestellt.

2.3.1 IT-Kontrollen auf Unternehmensebene

Unternehmensweite IT-Kontrollen gelten als besonders effektiv und wichtig, denn ohne angemessene IT-Rahmenbedingungen, die unternehmensweit gültig und bekannt sind, kann auf der nächst tiefer gelegenen Ebene kein effektives, IT-gestütztes IKS aufgebaut werden. IT-Kontrollen auf Unternehmensebene bilden ein wichtiges Fundament für den effizienten und sicheren Umgang mit IT im Allgemeinen. Sie beinhalten den IT-Risk Managementprozess, die IT-Strategieplanung, den Umgang mit rechtlichen und regulatorischen Fragen, die Architektur der IT-Systeme, die IT-Governance sowie die dazugehörenden Regelungen und Weisungen. Ebenfalls fundamental wichtig sind die IT-technische Ausbildung und das Risikobewusstsein von Mitarbeitenden sowie die Überwachung der IT. Die IT-Kontrollen auf Unternehmensebene fungieren somit als Grundpfeiler für alle anderen darauf aufbauenden generellen IT-Kontrollen und Applikationskontrollen (vgl. Rautenstrauch und Hunziker 2011, S. 64).

2.3.2 Generelle IT-Kontrollen

Eine funktionierende IT-Infrastruktur und entsprechende Kontrollen der IT-Prozesse sind Voraussetzung für die Effizienz und Wirksamkeit von Kontrollen einzelner Anwendungssysteme (Applikationskontrollen). Generelle IT-Kontrollen werden aus den IT-Prozessen abgeleitet. Sie haben unterstützenden Charakter und keinen direkten Bezug zu den Fachbereichen. Sie umfassen folgende vier Bereiche (vgl. Rautenstrauch und Hunziker 2011, S. 64):

- Programmentwicklung; d. h. die Sicherstellung, dass nur IT-Systeme entwickelt und implementiert werden, die die Anforderungen der Geschäftsprozesse in finanzieller, operationeller und normenkonformer Hinsicht erfüllen.
- Programm- und Datenbankanpassungen; d. h. die Sicherstellung, dass modifizierte oder neue Systeme weiterhin die Anforderungen der Geschäftsprozesse erfüllen. So sind z. B. angemessene Testverfahren für Änderungen an IT-Applikationen und Datenbanken durchzuführen oder Verfahren zur Abwicklung dringlicher Änderungen an Datenbanken zu definieren.
- Zugriff auf Programme und Daten; d. h. die Sicherstellung, dass der Zugriff auf Systeme und Daten autorisiert und durch Authentisierungsmechanismen wirksam geschützt ist. Zudem muss gewährleistet werden, dass der physische Zutrittsschutz zu kritischen IT-Infrastrukturen und Daten vorhanden ist.

- Betrieb der Informatik; d. h. die Sicherstellung, dass produktive Systeme immer verfügbar sind und so betrieben werden, wie sie vom Fachbereich genehmigt wurden. Dazu gehört z. B. das vollständige Verarbeiten von Datenübertragungen an System-Schnittstellen oder Verfahren zur Handhabung von Zwischenfällen.

Die IT-technische Abbildung und Unterstützung von Geschäftsprozessen und die damit verbundenen Informationsströme haben im heutigen Informationszeitalter zweifelsohne an Bedeutung gewonnen. Dies betrifft auch unternehmensbezogene Daten und Informationen, die als immaterielle Schlüsselressourcen einer Unternehmung entscheidend zum Markt- und Wettbewerbserfolg beitragen können. Der diesbezügliche Schutz vor Missbrauch und unkontrollierter Weitergabe ist nicht erst seit den in der Finanzdienstleistungsindustrie bekannt gewordenen Datenskandalen zum zentralen Anliegen innerhalb eines IKS geworden. Gerade im Zusammenhang mit generellen IT-Kontrollen sind entsprechende Mechanismen der Datensicherung und -archivierung erforderlich. Die Entwicklung und Durchsetzung eines entsprechenden Berechtigungskonzepts, das den Datenzugriff regelt, ist zentrales Thema jedes IKS.

Ein nicht zu unterschätzendes Risiko stellt schließlich das sogenannte End-User-Computing (EUC) dar, das in kleinen und mittelgroßen Unternehmen oft hohe Relevanz aufweist. EUC bezeichnet den eigenverantwortlichen und freizügigen Einsatz von Software durch Mitarbeitende eines Unternehmens und umfasst typischerweise sowohl Büroanwendungen wie z. B. Tabellenkalkulation und Textverarbeitung als auch Anwendungssoftware, die von Anwendern für den Eigenbedarf selber erstellt oder verwendet werden. So werden in vielen Unternehmen z. B. Tabellenkalkulationsprogramme ergänzend zur Enterprise Resource Planning Software (ERP) für Up- und/oder Downloads eingesetzt. Hiermit verbunden sind zahlreiche Risiken, wie z. B. fehlende Versionierungen oder manuelles Hinzufügen von Fehlern. Fehlende Passwörter ermöglichen überdies auch Nicht-Berechtigten Einsicht. Vernachlässigter Schreibschutz in einzelnen Zellen der Tabellen führen schnell zu unbeabsichtigten oder auch gewollten Manipulationen (vgl. Rautenstrauch und Hunziker 2011, S. 64 f.).

2.3.3 Applikationskontrollen

Applikationskontrollen beschäftigen sich mit Anwendungssoftware (Applikationen). Sie kommen in spezifischen Geschäftsprozess-Applikationen zum Einsatz und können unterteilt werden in Input-, Verarbeitungs-, Output- und Zugriffskontrollen.

Nachfolgend wird kurz auf die Inhalte der Applikationskontrollen eingegangen (vgl. Rautenstrauch und Hunziker 2011, S. 66):

- Inputkontrollen: Diese Kontrollen stellen sicher, dass die eingegebenen Daten vollständig, fehlerfrei und gültig sind.
- Verarbeitungskontrollen: Sie kontrollieren, ob alle Daten verarbeitet werden, keine Daten verloren gehen oder zusätzlich verarbeitet werden, die Verarbeitung mit den korrekten Datenversionen durchgeführt wird und die aus der Verarbeitung resultierenden Berechnungen, Analysen und Zuordnungen korrekt sind.
- Outputkontrollen: Sie stellen eine vollständige, fehlerfreie, autorisierte und gültige Datenausgabe sicher.
- Zugriffskontrollen: Sie dienen der Gewährleistung des Informationsschutzes und der Vertraulichkeit der Informationen, indem sie Unberechtigten den Zugriff auf eine Applikation verunmöglichen, nur ausgewählten Mitarbeitenden den Zugriff auf bestimmte Funktionen einer Applikation erlauben und nur berechtigten Anwendern den Zugriff auf gewisse Daten ermöglichen.

Beispiel

Die Geschäftstransaktionen der Folper AG werden über ein gängiges ERP-System abgewickelt. Dieses System hat standardmäßig zahlreiche Applikationskontrollen eingebaut. Für die Folper AG sind diese Applikationskontrollen von großer Bedeutung, um einen korrekten Prozessablauf sicherzustellen und um Fehler zu vermeiden. In der Folge sind beispielhaft konkrete von der Folper AG verwendete Kontrollen aufgeführt:

- Inputkontrolle: In der Zeiterfassung wird überprüft, ob das vom Mitarbeitenden ausgewählte Projekt nicht abgeschlossen und damit noch kontierbar ist. Gleichzeitig wird geprüft, ob der Mitarbeitende diesem Projekt zugeordnet ist. Ist dies nicht der Fall, kann die erfasste Zeit nicht gespeichert werden.
- Verarbeitungskontrolle: Im Monatsabschluss der Zeiterfassung wird überprüft, ob für jeden Arbeitstag ein Eintrag vorhanden ist. Falls einzelne Tage keinen Eintrag haben, wird automatisch eine Fehlermeldung ausgegeben.
- Outputkontrolle: Kostenstellenberichte zeigen nur diejenigen Kostenstellen an, für die der abfragende Benutzer eine Berechtigung hat.
- Zugriffskontrolle: Nur Mitarbeitende der Finanzbuchhaltung haben Zugriff auf Finanzauswertungen wie Bilanz und GuV der Folper AG.

Applikationskontrollen sind nicht unabhängig von den generellen IT-Kontrollen, da sich diesbezügliche Mängel auf die Applikationskontrollen auswirken, indem z. B. deren Kontrolllogik umgangen werden kann.

Ansprüche der Unternehmensführung an das IKS

3

Dieses *essential* verwendet den Begriff Unternehmensführung aus institutioneller Perspektive und meint damit die Organe, welche für die Führung eines Unternehmens zuständig sind. Diese Organe sind dafür verantwortlich, dass sich ein Unternehmen zielorientiert gestalten, lenken und entwickeln lässt (vgl. Dillerup und Stoi 2016, S. 11 f.). Zielorientiert meint in diesem Zusammenhang, dass sich alle Elemente eines Unternehmens so verhalten, dass der verfolgte Unternehmenszweck bestmöglich erreicht werden kann. Dies wird vereinfacht auch als gute Unternehmensführung bezeichnet. Die folgenden Ausführungen zeigen auf, was gute Unternehmensführung in Bezug auf ein IKS bedeutet.

3.1 Corporate Governance-Perspektive

Unter dem Schlagwort Corporate Governance wird seit den 00-er Jahren intensiv diskutiert, was gute Unternehmensführung konstituiert. Entsprechende Ergebnisse sind in nationale und internationale Standards eingeflossen. In Deutschland regelt der Deutsche Corporate Governance Kodex (DCGK), was für börsenkotierte Unternehmen unter guter und verantwortungsvoller Unternehmensführung verstanden wird (S. 1). In der Schweiz wurde dazu der Swiss Code of Best Practice for Corporate Governance (SCBPCG) und in Österreich der Österreichische Corporate Governance Kodex (ÖCGK) entwickelt. Diesen drei Standards ist gemein, dass sie sich auch zum IKS äußern (DCGK Kap. 5.3.2, SCBPCG Art. 20, ÖCGK Art. 69). Diese Tatsache weist darauf hin, dass ein IKS als relevanter Aspekt einer guten Unternehmensführung verstanden wird.

Konkret wird im DCGK in Artikel 5.3.2 ausgeführt, dass der Aufsichtsrat einen Ausschuss einrichten soll, der sich u. a. mit der Wirksamkeit des IKS

© Springer Fachmedien Wiesbaden GmbH, ein Teil von Springer Nature 2018
S. Hunziker et al., *Interne Kontrollsysteme im Finanzbereich*, essentials,
https://doi.org/10.1007/978-3-658-22982-5_3

befasst. Der österreichische Kodex enthält dieselbe Vorgabe, geht aber noch weiter und verlangt, dass Unternehmen in ihrem Geschäftsbericht „die wichtigsten Merkmale des internen Kontrollsystems" beschreiben (S. 72). Auch der Schweizer Standard verlangt in § 24 einen Ausschuss, der „die Funktionsfähigkeit des internen Kontrollsystems" beurteilt. In § 20 wird vorab ausgeführt, dass der Verwaltungsrat (entspricht dem Aufsichtsrat in Deutschland und Österreich) für ein IKS zu sorgen hat.

Die Ausführungen in den drei Kodizes führen zu folgenden Schlüssen:

- Das oberste Aufsichtsorgan bzw. ein entsprechender Ausschuss trägt die Verantwortung dafür, dass die Wirksamkeit bzw. Funktionsfähigkeit des IKS sichergestellt wird.
- Es bleibt unbekannt, wie ein IKS konkret auszugestalten ist.

Wenn die mit der Unternehmensführung betrauten Personen ihrer Verantwortung nachkommen sollen, gilt es vorgängig IKS-Ziele zu definieren, und danach festzulegen, wie dieses ausgestaltet sein soll.

3.2   Rechtliche Perspektive

In Kapitalgesellschaften des deutschsprachigen Raums sind für die Unternehmensführung unterschiedliche Organe zuständig. Welches Organ welche Rechte und Pflichten hat, wird in Deutschland und Österreich im jeweiligen Aktiengesetz (AktG) und in der Schweiz im Obligationenrecht (OR) geregelt.

Grundsätzlich lässt sich festhalten, dass die Eigentümer einer Aktiengesellschaft, die Aktionäre, mindestens einmal jährlich in Haupt- oder Generalversammlungen zusammenkommen und grundlegende Entscheide fällen. Meistens wird damit die Einflussnahme auf die anderen Organe beabsichtigt. Der Grund liegt darin, dass die Haupt- bzw. Generalversammlung unterjährig keinen Einfluss auf die Unternehmensführung hat und diese für diesen Zeitraum an den Aufsichtsrat und den Vorstand delegiert. Die Anforderungen der Hauptversammlung an das IKS sind deshalb gesetzlich nicht definiert.

Nachfolgend werden die wesentlichen gesetzlichen Vorgaben für Deutschland und die Schweiz kurz erläutert.

3.2.1 Deutschland

Das die Unternehmung leitende und dafür verantwortliche Organ einer Aktiengesellschaft ist der Vorstand (§ 76 AktG). Die Ansprüche des Vorstands leiten sich aus den im Aktiengesetz definierten Aufgaben und Pflichten ab. Betreffend IKS sind dies insbesondere die Paragraphen 91 und 93. Paragraph 91 des deutschen Aktiengesetzes hält fest, dass der Vorstand angemessene Maßnahmen zu definieren hat, damit den Fortbestand der Unternehmung gefährdende Entwicklungen rechtzeitig erkannt werden. Spezielle Erwähnung findet dabei das Überwachungssystem. Unter Überwachungssystem werden ein System zur Früherkennung bestandsgefährdender Entwicklungen und Risiken sowie Maßnahmen zur Kontrolle verstanden. Der Vorstand muss gemäß § 91 AktG kein vollständiges IKS implementiert haben, sondern nur Kontrollen zur Sicherstellung bestandsgefährdender Entwicklungen.

Weiter ist in § 93 definiert, dass Vorstandsmitglieder mit der notwendigen Sorgfalt agieren müssen (Abs. 1) und bei einer Pflichtverletzung für den Schaden daraus haften (Abs. 2). Absatz 5 legt fest, dass selbst Gläubiger Ersatzansprüche stellen können, wenn „die Sorgfalt eines ordentlichen und gewissenhaften Geschäftsleiters gröblich verletzt" wurde.

Um die Ansprüche des Vorstands an ein IKS festzulegen, ist zu klären, was Sorgfaltspflicht bedeutet. Manz et al. (2016) halten fest, dass dazu eine sorgfältige Unternehmensführung gehört (S. 477). Unter anderem beinhaltet diese eine Beurteilung der Risiken und Maßnahmen zur Reduktion dieser Risiken. Wird § 93 dahin gehend interpretiert, so wird für die Definition der Vorstandsansprüche an ein IKS § 91 hinfällig, weil für die sorgfältige Unternehmensführung ohnehin ein Risk Management mit zugehörigem Kontrollsystem benötigt wird. Es liegt also im eigenen Interesse jedes Vorstands, die Unternehmensrisiken zu identifizieren, zu bewerten und anschließend dazugehörige Kontrollmaßnahmen zu definieren. Wird dies nicht gemacht, kann das als Verletzung der Sorgfaltspflicht beurteilt werden und finanzielle Sanktionen für den Vorstand zur Folge haben.

Die in Zusammenhang mit dem IKS maßgebliche gesetzliche Regelung für Aufsichtsräte betrifft § 111 AktG. Darin wird festgehalten, dass der Aufsichtsrat die Geschäftsführung zu überwachen hat. Dementsprechend muss der Aufsichtsrat im Rahmen seiner Aufsichtspflicht prüfen, ob der Vorstand seinen Pflichten nachkommt und ein sinnvolles Überwachungssystem implementiert hat. Er haftet für den Schaden, wenn er es pflichtwidrig unterlässt, dafür zu sorgen, dass der Vorstand seine Pflichten diesbezüglich erfüllt (vgl. Manz et al. 2016, S. 491 f.).

Zusammenfassend kann festgehalten werden, dass ein funktionierendes IKS zur sorgfältigen Unternehmensführung gehört und alle Mitglieder von Vorstand und Aufsichtsrat dazu angehalten sind, sich darum zu kümmern. Wiederum bleibt der Nachgeschmack, dass nirgends definiert ist, was ein angemessenes Kontrollsystem ist.

3.2.2 Schweiz

Die wesentliche Differenz zu Deutschland zeigt sich in den Aufgaben und Zuständigkeiten der Organe. So regelt gemäß OR Art. 716 der Verwaltungsrat wer für die Geschäftsführung zuständig ist. Er kann diese an eine Geschäftsleitung (entspricht dem Vorstand) übertragen, ausgenommen sind die in OR Art. 716a definierten unübertragbaren Aufgaben. In diesem Artikel wird erwähnt, dass der Verwaltungsrat für die Finanzkontrolle und damit für ein IKS verantwortlich ist (vgl. Böckli 2009, S. 346 ff.). Nach vorherrschender Lehrmeinung ist der Verwaltungsrat nicht nur verpflichtet, das IKS auszugestalten, sondern es auch im Unternehmen umzusetzen und zu überwachen (vgl. Durrer 2017, S. 41). Die in OR Art. 717 definierte Sorgfaltspflicht verlangt, dass der Verwaltungsrat das IKS so ausgestaltet, wie es von einem vernünftigen und gewissenhaft handelnden Menschen erwartet werden darf (vgl. Schenker 2015, S. 18).

Ein weiterer Unterschied betrifft die gesetzlichen Anforderungen an die Revisionsstelle. In der Schweiz ist diese als Gesellschaftsorgan definiert. Sie muss gemäß OR Art. 728a prüfen, ob ein funktionierendes IKS existiert. Grundsätzlich kann eine Revisionsstelle nur ein Kontrollsystem im engeren Sinne überprüfen, d. h. „das für die Rechnungslegung relevante interne Kontrollsystem" (Böckli 2009, S. 308). Gemäß OR Art. 728b enthält der umfassende Revisionsbericht anschließend Feststellungen über das IKS.

Entgegen den Gegebenheiten in Deutschland kann die mit der Geschäftsführung beauftragte Geschäftsleitung bez. IKS nicht belangt werden, da dieses in das Aufgabengebiet des Verwaltungsrats gehört. Verursachen Mitglieder des Verwaltungsrats durch absichtliche oder fahrlässige Pflichtverletzung einen Schaden, so können sie für diesen verantwortlich gemacht werden (vgl. Durrer 2017, S. 279). In Bezug auf die Pflicht, ein IKS auszugestalten, umzusetzen und zu überwachen, gilt in erster Linie die Erfüllung der formellen Pflichten. Da materielle Vorgaben fehlen, entsprechen inhaltliche Mängel nicht der Verletzung der Vorgaben. Verwaltungsräte haben also ein Interesse daran, mindestens ein einfaches Kontrollsystem zu definieren, umzusetzen und zu überwachen.

3.3 Reporting für die Unternehmensführung

Um eine angemessene Wirksamkeit des IKS sicherzustellen und um zu dokumentieren, dass die gesetzlich festgelegte Verantwortung wahrgenommen wird, empfiehlt sich ein regelmäßiges IKS-Reporting. Im Rahmen dieser Berichterstattung wird die Unternehmensführung über den aktuellen Stand des IKS sowie geplante und bereits ergriffene Maßnahmen informiert.

Die Umsetzung des IKS-Reportings delegiert die Unternehmensführung in der Regel an den IKS-Verantwortlichen. In größeren Unternehmen ist dies eine eigene Stelle, in kleinen und mittelgroßen Unternehmen wird diese Aufgabe vielfach vom Leitenden der Administration oft der CFO wahrgenommen. Inhaltlich ist das Reporting optimalerweise so aufgebaut, dass zuerst der Ist-Zustand des IKS darlegt wird (vgl. Tab. 3.1). Analysiert werden dabei die Kernprozesse sowie das interne Umfeld. Aus dieser periodischen IKS-Prüfung werden Pendenzen abgeleitet (vgl. Tab. 3.3), die mit den Pendenzen aus der letzten Berichterstattung abgeglichen werden (vgl. Tab. 3.2). Dadurch lassen sich der Fortschritt überwachen und Überschneidungen vermeiden. Dieser Aktionsplan, der aus neuen und bestehenden Pendenzen besteht, verfolgt damit das Ziel, konkrete Maßnahmen festzuhalten, um die identifizierten Schwächen zu beseitigen. Da die Verantwortung des IKS bei der Unternehmensführung liegt, sollte zusätzlich auch das Budget für die Umsetzung der Maßnahmen festgehalten werden.

Beispiel

Der Aufsichtsrat der Folper AG ist verantwortlich für das IKS und hat festgelegt, dass das IKS quartalsweise an den Aufsichtsratssitzungen traktandiert wird. Um die Transparenz zu erhöhen, enthält das standardisierte Reporting eine Übersicht zur Ist-Situation sowie zu den geplanten und bereits ergriffenen Maßnahmen (Aktionsplan). IKS-Verantwortlicher ist der Finanzleiter (CFO), der auch für die Erstellung des IKS-Reportings zuständig ist. Das IKS-Reporting für Q2.2018 sieht folgendermaßen aus.

Tab. 3.1 Überblick Ist-Situation

Kernprozesse	Status	Bemerkungen
Bestellwesen	Grün	
Wareneingang und Lagerhaltung	Gelb	Q4.17: Kundenretouren werden nicht korrekt verbucht. Entsprechend sind diese Artikel nicht inventarisiert
Rechnungseingang	Grün	
Zahlungsausgang	Grün	
Offertstellung	Rot	Q1.18: Offerte für das Kundenprojekt Atlantis war deutlich zu tief. Im Rahmen der Offertstellung sind die Fachspezialisten übergangen worden
Leistungserstellung	Grün	
Fakturierung	Grün	
Zahlungseingang	Grün	
Lohnzahlung	Grün	
Arbeitszeit und Abwesenheit	Gelb	Q2.18: Arbeitszeiten von JGA sind über die letzten Monate nicht korrekt erfasst, ebenso die Abwesenheiten. Bewusste Täuschung des Vorgesetzten
Investitionen	Grün	
Unterhalt Infrastruktur	Rot	Q2.18: Maschine X-345 musste kurzfristig repariert werden. Dies gibt Verzögerungen auf den Projekten von bis zu 3 Monaten
Versicherung	Grün	
Informatik	Grün	
Kontrollumfeld (Internes Umfeld)		
Führungsphilosophie	Grün	
Organisation und Verantwortung	Grün	
Ausbildung und Sachkompetenz	Gelb	Q2.18: Projektleiter RES ist bereits 6 Monate bei uns, kennt aber die internen Abläufe noch zu wenig gut
Integrität und Ethik	Rot	Q1.18: Preisabsprachen von Projektleiter MUL mit Anbieter Terra X

Tab. 3.2 Pendenzen aus der letzten Berichterstattung

IKS-Prozess	Kontrollschwäche	Maßnahme(n)	Verantw.	Termin	Ergebnis
Organisation & Verantwortung	Q4.17: Stellenbeschriebe müssen überarbeitet werden	Überprüfung aller Beschriebe und Anpassung	HR	30.06.2018	Erledigt
Wareneingang & Lagerhaltung	Q4.17: Kundenretouren werden nicht korrekt verbucht. Entsprechend sind diese Artikel nicht inventarisiert	Überprüfung und Neudefinition des Prozesses, Anpassung des Wareneingangsbereichs sowie der Software. Anschließend Schulung des Personals	COO	30.06.2018, neu 30.09.2018	Prozess ist definiert, Software-Anpassung gemacht, aber Schulung noch nicht abgeschlossen
Offertstellung	Q1.18: Offerte für das Kundenprojekt Atlantis war deutlich zu tief. Im Rahmen der Offertstellung sind die Fachspezialisten übergangen worden	Anpassung des Offertprozesses. Ziel ist es, dass keine Offerten > CHF 3 Mio. das Unternehmen ohne Zustimmung der Fachabteilung verlassen	CEO	30.09.2018	Noch keine einheitliche Prozessdefinition
Integrität & Ethik	Q1.18: Preisabsprachen von Projektleiter MUL mit Anbieter Terra X	Compliance-Problem, wenn PL zu stark mit Anbietern verbunden sind. Neue Vorgaben entwickeln und Prozessanpassungen vorwegnehmen	CFO	31.12.2018	Läuft

Tab. 3.3 Neue Pendenzen aus der periodischen IKS-Prüfung

IKS-Prozess	Kontrollschwäche	Maßnahme(n)	Verantw.	Termin	Ergebnis
Arbeitszeit & Abwesenheit	Q2.18: Arbeitszeiten von JGA sind über die letzten Monate nicht korrekt erfasst, ebenso die Abwesenheiten. Bewusste Täuschung des Vorgesetzten	Freigabeprozess Arbeitszeit anpassen mit dem Ziel, Zeiten so schnell wie möglich zu erfassen. Kontrollmechanismen in Bezug auf Abwesenheiten prüfen	HR	30.09.2018	–
Unterhalt Infrastruktur	Q2.18: Maschine X-345 musste kurzfristig repariert werden. Dies gibt Verzögerungen auf den Projekten von bis zu 3 Monaten	Service-Management optimieren. Überprüfung des Prozesses und ev. Anpassung der IT-Abläufe	COO	30.09.2018	–
Ausbildung & Sachkompetenz	Q2.18: Projektleiter RES ist bereits 6 Monate bei uns, kennt aber die internen Abläufe noch zu wenig gut	Einarbeitungsprozess für neue Mitarbeitende überprüfen. Interne Mittel für eine gute Integration zur Verfügung stellen	HR	31.12.2018	–

Vier Schritte zum erfolgreichen IKS 4

Die vorangehenden Kapitel zwei und drei haben wichtige Grundlagen zum besseren Verständnis der folgenden Ausführungen gelegt: Wenn ein IKS richtig definiert ist und die damit verfolgten Ziele sowie die Ansprüche der Unternehmensführung an ein IKS explizit bekannt sind, kann mit der Umsetzung begonnen werden. Das folgende Kapitel zeigt auf, wie kleine und mittelgroße Unternehmen gezielt und mit vernünftigem Aufwand die Effektivität und Effizienz ihres IKS erhöhen können. Es ist zu beachten, dass die nachfolgenden Empfehlungen nicht den Anspruch der Vollständigkeit aufweisen.

4.1 Risikobewusstes internes Umfeld schaffen

Die Unternehmenskultur und der Führungsstil beeinflussen nachweislich das Verhalten der Mitarbeitenden, den Umgang mit Risiken und Kontrollen und damit das interne Umfeld (vgl. Paetzmann 2012, S. 87). Das organisationsinterne Umfeld kann als wichtiges kulturelles Fundament für ein IKS verstanden werden und sollte entsprechend risikobewusst ausgestaltet sein.

4.1.1 Organisatorische Maßnahmen

Eine wichtige Voraussetzung für ein risikobewusstes internes Umfeld ist die Schaffung von Transparenz hinsichtlich der Zuständigkeiten im Unternehmen. Die Führungsstruktur muss so geregelt werden, dass das Steuerungs- und Kontrollbewusstsein auf sämtlichen Hierarchieebenen vorhanden ist. Formale Vorgaben weisen dabei mehrere Vorteile auf. So kann deren Existenz als bekannt

© Springer Fachmedien Wiesbaden GmbH, ein Teil von Springer Nature 2018
S. Hunziker et al., *Interne Kontrollsysteme im Finanzbereich,* essentials,
https://doi.org/10.1007/978-3-658-22982-5_4

vorausgesetzt werden. Je nach Definition ist zudem der Interpretationsspielraum vergleichsweise gering. Zu den Nachteilen von formalen Vorgaben gehören die mangelnde Flexibilität sowie der administrative Aufwand. Die folgenden formalen Vorgaben unterstützen jedoch eine zielorientierte, risikobewusste Führung und sind somit auch für kleine und mittelgroße Unternehmen sinnvoll einzusetzen.

Organisationsreglement

Das Organisationsreglement dient in erster Linie dazu, die Delegation der Unternehmensführung zu begründen. In der Realität geht das Reglement allerdings häufig weiter und verfolgt die Absicht, eine zielorientierte Unternehmensführung sicherzustellen. Dazu gehören Regeln über die Konstituierung des Aufsichtsorgans, die Sitzungsperiodizität, die Zeichnungsberechtigungen, die Beschlussfassung, den Ausstand und die Protokollführung (vgl. Universität Zürich, online). Das Organisationsreglement kann darüber hinaus Verhaltensvorgaben zu Interessenkonflikten, Geheimhaltungs- und Schweigepflicht, Konkurrenzverbot oder Treuepflicht machen. Grundsätzlich ist das Organisationsreglement für jedes Unternehmen als formale Richtlinie wichtig, damit die Erwartungen und Anforderungen an Führungskräfte klar kommuniziert sind.

> **Beispiel**
>
> Das Organisationsreglement der mittelgroßen Folper AG hat u. a. folgende Aspekte geregelt:
>
> - Investitionen bis EUR 100.000 liegen im Kompetenzbereich des Vorstands. Entschieden wird mit einfacher Mehrheit.
> - Investitionen über EUR 100.000 bis EUR 500.000 bedürfen der Zustimmung des Aufsichtsrats. Entschieden wird mit einfacher Mehrheit.
> - Investitionen größer als EUR 500.000 bedürfen der Zustimmung des Aufsichtsrats. Entschieden wird mit qualifiziertem Mehr.

Obwohl die regulatorischen Anforderungen zum IKS keine klaren Aussagen in Bezug zum Organisationsreglement enthalten, sehen es die Autoren als zwingendes Element eines wirksamen IKS: Per Definition muss ein IKS sicherstellen, dass die Steuerungs- und Kontrollprozesse im Unternehmen sinnvoll und angemessen organisiert sind und dass diese auch entsprechend im Tagesgeschäft umgesetzt werden. Hierzu schafft ein Organisationsreglement eine wichtige Grundlage.

Unterschriftenregelung

Die effiziente Abwicklung von Geschäftsprozessen bedarf der Delegation von Kompetenzen, um Geschäfte im Sinne des IKS – und damit auch der Unternehmensführung – abzuwickeln. Die damit verbundenen Risiken sollen so gering wie möglich gehalten werden. Dabei ist auf Folgendes zu achten:

- Zielvereinbarung: Die durch die Unterschriftenregelung festgehaltene Delegation soll sicherstellen, dass Aufgaben und Funktionen im Sinne der Unternehmensführung umgesetzt werden. Die konkrete Ausgestaltung ist unternehmensindividuell. Entsprechend wichtig ist es, dass die Unternehmensziele den Führungskräften kommuniziert und von diesen verstanden werden. Im Rahmen von Unterschriftenregelungen ist deshalb auf die gemeinsame Zielfestlegung zu achten.
- Kompetenzen: Die Mitarbeitenden benötigen die entsprechende Qualifikation und das Wissen, um gute Entscheide treffen zu können. Die Kompetenzen können durch interne oder externe Weiterbildung gefördert werden. Viel wichtiger ist allerdings, dass insbesondere Führungskräfte bereits Erfahrung in ähnlichen Funktionen gesammelt haben. Werden junge Führungskräfte ohne Erfahrung im spezifischen Arbeitsbereich rekrutiert, so ist auf eine seriöse Einarbeitung zu achten.
- Interessenkonflikte: Sofern die Ziele bekannt und die Kompetenzen vorhanden sind, ist in einem weiteren Schritt darauf zu achten, dass Interessenkonflikte verhindert werden. Diese treten auf, wenn persönliche oder private Interessen die Erfüllung der unternehmerischen Pflicht beeinträchtigen. Interessenkonflikte können nicht immer gänzlich verhindert werden. Treten solche auf, dann haben die betroffenen Führungskräfte den Interessenkonflikt zu melden und in den Ausstand zu treten.

Organisationsstruktur

Das Ziel eines Unternehmens ist die Verfolgung des Unternehmenszweckes, wozu eine geeignete Organisationsstruktur festlegt wird. Letztere soll so ausgestaltet sein, dass die Geschäftsprozesse angemessen abgebildet und die notwendigen Informationsflüsse, die im IKS eine wichtige Rolle spielen, gewährleistet werden können. Jeder Vorgesetzte muss seine Verantwortlichkeiten im Bereich IKS kennen und über die notwendige Erfahrung und das entsprechende Fachwissen verfügen. Die Übertragung von Verantwortung, die Delegation von Befugnissen und das Festlegen der entsprechenden Verfahrensweisen bilden die Grundlage für Rechenschaft und Kontrolle, indem sie den Mitarbeitenden ihre jeweilige Rolle zuweisen.

Organigramm und Stellenbeschreibungen

Ein wesentlicher Nutzen eines Organigramms liegt darin, dass sich externe und interne Personen schnell einen guten Überblick über die Organisation gewinnen können und auch klar wird, welche Personen für das IKS bzw. die finanzrelevanten Prozesse verantwortlich ist. Stellenbeschreibungen sind ideal für die bestmögliche Besetzung einer Stelle und die Verhinderung von Kompetenzschwierigkeiten und Mängeln bei der Aufgabenzuteilung. Durch die genaue Festlegung von Aufgaben, Kompetenzen und Verantwortung helfen sie, die anfallenden Arbeiten den geeigneten Stellen zuzuordnen. Das formelle Festhalten kann zu bürokratischem Verhalten führen, was üblicherweise aber durch die damit geschaffene Transparenz mehr als kompensiert wird.

In Bezug auf die finanzielle Führung und das IKS sind Stellenbeschreibungen wichtig, da sichergestellt wird, wer welche Aufgaben verantwortet. Sie stellen so eine detailliertere Weiterführung des Organisationsreglements dar.

Beispiel

Auszug aus dem Stellenbeschrieb des Leiters Finanzbuchhaltung der Folper AG (Kompetenzen Zahlungsfreigabe):

- Einzelzahlungen bis zum Betrag von CHF 10.000 können mit Kollektivunterschrift zusammen mit dem stv. Leiter Finanzbuchhaltung freigegeben werden.
- Einzelzahlungen über CHF 10.000 bis zum Betrag von CHF 100.000 können mit Kollektivunterschrift zusammen mit dem Geschäftsführer freigegeben werden.

Prozessabwicklung

Im Hinblick auf die Erfüllung der IKS-Ziele kommt der Prozessabwicklung mehrfache Bedeutung zu. Die Orientierung an vordefinierten Prozessen stellt sicher, dass die relevanten Geschäftsprozesse mitsamt den notwendigen Teilschritten berücksichtigt und ausgeführt werden. Daneben führt eine ressourcen- und zeitoptimale Prozessabwicklung zu Kosteneinsparungen und verbessert so das finanzielle Ergebnis. Ein noch größerer Effekt entsteht aber aus der risikobewussten Prozessabwicklung. Wenn pro Geschäftsprozess die finanziellen Risiken identifiziert und sinnvolle, risikoreduzierende Maßnahmen definiert sind, so verhindert dies eine ungewünschte Entwicklung z. B. hinsichtlich Liquidität, Verschuldungsgrad oder spekulativen Risiken. Wird z. B. bei der Definition des Prozesses „Zahlungsfreigabe" festgehalten, dass vor der Auslösung für alle Lieferanten allfällige Veränderungen in den Bankdaten überprüft werden, so kann dadurch das Manipulations- und Betrugsrisiko vermindert werden.

Beispiel

Auszug aus der Definition des Prozesses „Rechnungszahlung" bei der Folper AG:

- Input:
  - Termin für Zahlung ist erreicht
  - Liste der offenen Verbindlichkeiten
- Verarbeitung (IKS-relevante Kontrollaktivitäten):
  - Prüfen von Skontoabzügen
  - Prüfen der Liquidität
  - Zahlungsfreigabe gemäß Kompetenzen
- Output:
  - Liste der bezahlten Rechnungen
  - Erstellung Zahlungsfile
  - Verbuchung der Zahlung im System

4.1.2 Verhaltenskodex zur Stärkung der Unternehmenskultur

Der Verhaltenskodex stellt ein effektives Beispiel eines unternehmensweiten IKS-Instruments dar. Unter einem Verhaltenskodex wird die Dokumentation von Verhaltensweisen, die von allen Führungskräften und Mitarbeitenden befolgt werden sollen, verstanden. Im Gegensatz zu unternehmensinternen Regelungen stellt dieser Kodex eine Selbstverpflichtung dar, bestimmten Verhaltensmustern und -regeln zu folgen oder diese zu unterlassen und dafür zu sorgen, dass sich niemand durch Umgehung des Kodex einen ungerechtfertigten Vorteil verschaffen kann. Mindestens folgende Aspekte sollten auch kleine und mittelgroße Unternehmen schriftlich dokumentieren (vgl. Rautenstrauch und Hunziker 2011, S. 49 ff.):

- Ethische Grundsätze (z. B. Ehrlichkeit, Motivation der Mitarbeitenden, Diskretion, Loyalität, verantwortungsvolles Handeln, integres Verhalten gegenüber Kunden, Zulieferern und Mitarbeitenden)
- Interessenkonflikte (z. B. Verhindern von Geschäftsbeziehungen mit engen Verwandten oder Familienangehörigen und das Verbieten von Arbeitsverhältnissen bei potenziellen Wettbewerbern, Kunden und Lieferanten der Unternehmung)

- Vertrauliche Informationen (z. B. welche Informationen ohne ausdrückliche Genehmigung nicht an öffentlichen Diskussionen wie Vortragsveranstaltungen oder Internetforen, in persönlichen Gesprächen mit Dritten oder in elektronischer Form weitergegeben werden dürfen)
- Finanzielle Integrität (z. B. dass Vermögenswerte des Unternehmens nicht missbraucht oder verschwendet werden sollen)
- Korruption (z. B. klare Regeln bez. Entgegennahme oder Vergabe einer unverdienten Vergütung wie Geschenke, Geldzuwendungen oder andere Vergünstigungen)
- Gesetze und Verordnungen (z. B. wird von allen Mitarbeitenden erwartet, dass sie interne Richtlinien einhalten und regulatorische Anweisungen befolgen)
- Spenden und Sponsoring (z. B. Regeln bez. Zuwendungen an politische Organisationen, Einzelpersonen aus politischen Ämtern, nichtpolitische Organisationen im sozialen Bereich oder im Umweltschutz)
- Umgang mit Verstößen (z. B. muss der Verhaltenskodex definieren, an wen sich Mitarbeitende wenden können, falls sie Zuwiderhandlungen der Vorgaben im Verhaltenskodex vermuten. Solche Anlaufstellen sind u. a. der Abteilungsleiter, ein Compliance-Beauftragter oder eine Compliance-Stelle im Unternehmen.)
- Bekenntnis zur Kompetenz (z. B. Prüfung der Zusammensetzung des Aufsichtsorgans um sicherzustellen, dass unabhängige Personen mit unterschiedlichen Kompetenzen vertreten sind, die das Einhalten von Regeln, Gesetzen und Verordnungen sicherstellen können)

Der Verhaltenskodex bildet das Fundament zum Bekenntnis integren und ethischen Verhaltens und ist als Umsetzungsleitlinie zu verstehen. Die Unternehmensführung muss dem Inhalt Taten folgen lassen und ein Vorbild in Sachen ethischem Verhalten und Einhaltung der Vorgaben sein, damit seine (IKS-) Wirksamkeit entfaltet werden kann.

4.2 Informationen wirkungsvoll nutzen

Der Umgang mit finanziellen Informationen hängt maßgeblich von der Unternehmenskultur ab und ist deshalb von Unternehmen zu Unternehmen unterschiedlich. Unternehmen, die sich am einen Ende des Informations-Spektrums befinden, stellen den Mitarbeitenden nur das allernötigste an finanziellen Informationen zur Verfügung. Häufig sind dies Unternehmen, die sich in Privatbesitz befinden. Die Gesamtverantwortung liegt in solchen Fällen bei nur wenigen Personen, nicht selten sogar bei Einzelpersonen. Im Gegensatz dazu gibt es Unternehmen, die einen sehr offenen Umgang mit finanziellen Informationen pflegen. Dazu gehören Unternehmen, die ihre Mitarbeitenden stark in die Verantwortung nehmen wollen. In diesem Sinne gilt das Sprichwort: Gib der Führungskraft die Information, die sie benötigt und du kannst nicht vermeiden, dass sie Verantwortung übernimmt (vgl. Augsten et al. 2017, S. 146).

4.2.1 Kommunikation von finanziellen Informationen

Informationen dienen als Bindeglied zwischen Mitarbeitenden, zwischen Aufsichtsorgan/Geschäftsführung und Mitarbeitenden und zwischen Mitarbeitenden und dem Aufsichtsorgan/der Geschäftsführung. In diesem Sinne geht es darum, strategisch wichtige Informationen und Ziele durch das Aufsichtsorgan/die Geschäftsführung nach „unten" zu transportieren und im Gegenzug Hinweise, Informationen und Erkenntnisse durch die Mitarbeitenden nach „oben" zu tragen. Das Ziel besteht beidseitig darin, (finanzielle) Informationen in geeigneter und zeitgerechter Form bereitzuhalten bzw. weiterzuleiten. Nur so können transparente und klare Entscheidungen gefällt werden.

Mitarbeitende müssen wissen, was ihre Aufgaben, Verantwortungen und Kompetenzen im Finanzbereich sind. Im Gegenzug will sich die Geschäftsführung auf die Mitarbeitenden verlassen und ihnen vertrauen können. Dies wird durch eine „Kultur der offenen Türen" nachhaltig erreicht. Ein gemeinsames Aufgabenverständnis und das unkomplizierte Miteinander fördern zudem den Austausch unter den Mitarbeitenden selbst. Schließlich geht es aber auch um eine transparente, unkomplizierte und zeitnahe Kommunikation zwischen der Geschäftsführung und dem Aufsichtsorgan.

Die folgenden Ausführungen beinhalten unterschiedlichen Arten von Informationen und was Unternehmen diesbezüglich berücksichtigten müssen. Dabei ist zu beachten, dass nicht alle Informationen für alle Unternehmen von gleicher Bedeutung sind.

Beispiel

Die Kommunikation von finanziellen Informationen erfolgt bei der Folper AG im Grundsatz von der Geschäftsführung zu den Mitarbeitenden. Informeller und seltener ist der Austausch von finanziellen Informationen von den Mitarbeitenden zur Geschäftsführung/zum Aufsichtsorgan und zwischen den Mitarbeitenden. Der Informationsaustausch innerhalb der Folper AG beruht auf Transparenz und Vertrauen.

Informationsfluss Aufsichtsorgan/Geschäftsführung an Mitarbeitende:

- Monatliche Sitzungen des Aufsichtsorgans mit dem Traktandum „Finanzinformation"
- Wöchentliche Geschäftsleitungssitzungen
- Monatliche Kader-/Teamsitzungen
- Halbjährliche Personalsitzungen
- Themenbezogene Intranet-Inhalte
- Jährliche Qualifikation der Mitarbeitenden mit Zielvorgaben im Bereich der finanziellen Information

Informationsfluss Mitarbeitende an Aufsichtsorgan/Geschäftsführung:

- Politik der offenen Türen für alle Mitarbeitenden
- E-Mail-Anfragen und -Hinweise

Informationsfluss zwischen den Mitarbeitenden:

- Zeitlich abgestimmte Kaffeepausen
- Gemeinsame Verpflegungsmöglichkeiten
- Mobile Telefonsysteme mit aufliegendem „Experten Verzeichnis"
- Jährlicher Personalausflug
- Jährliches Weihnachtsessen

In Zusammenhang mit der Kommunikation von finanziellen Informationen ist es wichtig zu betonen, dass diese die sogenannten sozialen Informationen mit einschließen. Damit sind Informationen gemeint, die nicht quantitativer Natur sind. Zentrale Themen in der finanziellen Führung sind oft finanzielle Informationen mit einer finanziellen, monetären Dimension. Soziale Informationen (z. B. personalrelevante, arbeitsrechtliche u. a.) werden aber auch in der finanziellen Führung zunehmend wichtiger. Ein konkretes Beispiel sind Kundengespräche, die Hinweise auf künftige Herausforderungen bez. bedürfnisgerechter Angebote geben können. Letztendlich sind solche Informationen wichtig, um rechtzeitig auf diese Signale reagieren zu können, damit eine mögliche „Strategiekrise", die sich später in der finanziellen Lage des Unternehmens materialisiert, vermieden werden kann.

4.2.2 Unternehmensstrategie

In mehreren Studien zur Unternehmenskultur wurde festgestellt, dass die Orientierung an einer Strategie eine wichtige Voraussetzung für den nachhaltigen wirtschaftlichen Erfolg ist. Die Definition einer Strategie und deren Kommunikation an die Mitarbeitenden und Führungskräfte ermöglicht, dass sich alle Organisationsmitglieder zu einem gemeinsamen übergeordneten Ziel hin orientieren (vgl. Sackmann 2017, S. 139 f.).

Der Prozess der Strategieerstellung ist aufwendig und birgt erhebliches Konfliktpotenzial. Diskussionen über die sinnvolle Ausrichtung des Unternehmens sind meistens subjektiv eingefärbt und vielfach durch Eigeninteressen geprägt. Die Gefahr, dass Strategiediskussionen und v. a. -entscheide das Führungsgremium auseinander divergieren, ist latent vorhanden. Es empfiehlt sich deshalb, vor Beginn der Diskussionen zu prüfen, ob eine erhöhte Gefahr im jeweiligen Unternehmen besteht. Falls dies bejaht werden muss, dann ist es sinnvoll, den Prozess durch einen Strategieexperten führen zu lassen. Dessen Aufgabe ist es, die verschiedenen Meinungen zu objektivieren und eine gemeinsame Sicht zu fördern.

Beispiel

In der Strategiedefinition geht die Termann AG folgendermaßen vor:

- Die Strategie wird alle drei Jahre anlässlich eines Strategieworkshops hinterfragt, überarbeitet und aktualisiert.
- Am Strategieworkshop nehmen der Aufsichtsrat, der externe Strategieberater sowie ein externer Branchenspezialist teil.
- Die Termann AG leitet die definierte Strategie in eine Mittelfristplanung und diese in entsprechende Budgets ab. Daneben wird die Strategie an die Mitarbeitenden kommuniziert und die Zielorientierung der Führungskräfte vorgelebt.
- Einmal jährlich wird die Strategie im Aufsichtsrat auf die entscheidenden Faktoren hin überprüft. Änderungen im Umfeld eines Unternehmens müssen bei Bedarf zu Strategieanpassungen führen.

4.2.3 Finanzplanung

Finanzielle Kennzahlen widerspiegeln die Leistungen aus der Vergangenheit und liefern einen detaillierten Überblick über die Vermögens-, Liquiditäts- und

Ertragslage eines Unternehmens. Sämtliche zugrunde liegenden Geschäftstransaktionen sind abgewickelt, durch die Buchhaltung oder ein Treuhandunternehmen erfasst und auswertbar. Daher sind sie nicht mehr veränderbar und aus Führungssicht besteht für diese Transaktionen kein Handlungsspielraum mehr. Die Zahlen dienen lediglich der Kontrolle und nicht der Optimierung der Ergebnisse.

Daher empfiehlt es sich, die Geschäftstätigkeit und die finanziellen Ziele auf zukünftige Chancen und Risiken auszurichten. Im Unterschied zu den vergangenheitsorientierten Werten besteht bei den zukunftsorientierten Kennzahlen die Möglichkeit, diese durch die Anpassung des zukünftigen Handelns in die gewünschte Richtung zu beeinflussen. Im Hinblick auf Gestaltung und Beeinflussung des Ergebnisses bietet der Umgang mit Planwerten großes Potenzial.

Im Folgenden werden zwei wichtige Arten von Zukunftsbetrachtungen erläutert. Die mittel- oder langfristige Finanzplanung sowie die kurzfristig ausgerichtete Liquiditätsplanung.

Planung und Budgetierung

Die gedankliche Vorwegnahme der Zukunft stellt die Grundlage unternehmerischer Tätigkeit dar. Jedes kleine und mittelgroße Unternehmen macht sich Gedanken zur möglichen Marktentwicklung, zum eigenen Angebot oder zu den eigenen Mitarbeitenden. Die Konkretisierung dieser Zukunftsszenarien in finanzielle Kennzahlen wird von Unternehmen zu Unternehmen unterschiedlich vorgenommen. Zwei Gründe sind für kleine und mittelgroße Unternehmen primär entscheidend, dass nur oberflächlich geplant wird: Zum einen ist dies ein tendenziell ungünstiges Kosten-Nutzen-Verhältnis, zum anderen die Schwierigkeit der Vorhersage.

Mithilfe von Planwerten bzw. deren zugrunde liegenden Annahmen sind Unternehmen in der Lage, die Entwicklung von Liquidität und Eigenkapital abzuschätzen und zu prüfen, ob in Zukunft existenzielle Risiken vorhanden sind. Lassen die Planwerte diesen Schluss zu, so hat das Unternehmen genügend Zeit, Maßnahmen einzuleiten, um der drohenden Illiquidität bzw. der Überschuldung zu entgehen.

Zweiter wesentlicher Punkt in einer Kosten-Nutzen-Abwägung sind die Aufwände. Der administrative Aufwand für die Planung kann – abhängig von Planungshorizont, Frequenz und Detaillierungsgrad – enorm sein. Es ist deshalb zu empfehlen, mit einer möglichst einfachen Planung zu beginnen. Zudem sind die internen Aufwände stark abhängig vom vorhandenen Know-how. Finanzaffine Personen können einen Planungsprozess schlank und mit wenig Aufwand einführen.

Liquiditätsplanung

Ebenfalls mit viel Unsicherheit verbunden ist die Planung der kurzfristigen Liquidität, die aus IKS-Sicht eine zentrale Steuergröße darstellt. Diese sicherzustellen, ist eine der Kernaufgaben jedes Unternehmens, da ungenügende Liquidität zu einem Insolvenzverfahren und damit zum Konkurs führen kann. Die zukünftige Liquidität hängt vom aktuellen Bestand sowie von den erwarteten Zahlungsein- und Zahlungsausgängen ab. Die Planung der erwarteten Zahlungseingänge kann schwierig sein, da diese maßgeblich von teilweise schwierig zu planenden Umsätzen abhängen. Eine kurzfristige Prognose ist allerdings auf Basis der offenen Kundenforderungen meistens möglich. Unsicherheit besteht allerdings, ob die Zahlungseingänge der Fälligkeit entsprechend eintreffen.

Für die meisten Unternehmen sind die anfallenden Aufwendungen in der Regel gut planbar. In vielen Unternehmen v. a. des Dienstleistungssektors macht der Personalaufwand vielfach den größten Kostenblock aus, gefolgt vom Miet- bzw. Raumaufwand. Bei solchen Gegebenheiten ist die Liquiditätsplanung mindestens auf der Aufwandseite einfacher zu erstellen.

Beispiel

In Zeiten angespannter Liquidität wird bei beim Unternehmen Folper AG vor jedem Zahlungslauf die in Abb. 4.1 ersichtliche Aufstellung gemacht.

Dazu werden die offenen Rechnungen mit ihrem Fälligkeitsdatum und die geplanten Ein- und Auszahlungen aus der zukünftigen Geschäftstätigkeit übernommen. Regelmäßig anfallende Zahlungen wie Löhne oder Miete sind gleichermaßen wie unregelmäßig anfallende Zahlungen (z. B. Amortisationen, Anzahlungen, Prozesskosten) zu berücksichtigen. Zur Sicherstellung der jederzeitigen Zahlungsfähigkeit sind die Auszahlungen gegebenenfalls dem Stand der Liquidität anzupassen.

4.2.4 Finanzielle Kennzahlen

Der deutsche und schweizerische Gesetzgeber haben festgelegt, dass jedes Unternehmen einmal jährlich Rechenschaft über seine finanzielle Situation ablegen muss. Die sich aus dem Jahresbericht mit Bilanz, Gewinn- und Verlustrechnung und Anhang ergebenden Informationen reichen jedoch auch für kleine und mittelgroße Unternehmen vielfach nicht aus, um die Geschäftsführung aus finanzieller Sicht sicherzustellen. Der Grund liegt darin, dass diese Daten:

Cashbestand

Erwartete Zahlungseingänge

	heute	in 7 Tagen	in 14 Tagen	in 1 Monat	in 2 Monaten	in 3 Monaten
Offene Rechnungen						
Noch nicht gestellte Rechnungen						
Daueraufträge						
Geldaufnahmen (z. B. Darlehen)						

Erwartete Zahlungsausgänge

	heute	in 7 Tagen	in 14 Tagen	in 1 Monat	in 2 Monaten	in 3 Monaten
Offene Kreditoren						
Noch nicht eingegangene Rechnungen						
Personalaufwände						
Daueraufträge (z. B. Miete)						
Amortisationen						
Erwarteter Cashbestand						

Abb. 4.1 Folper AG Liquiditätsvorschau

- vergangenheitsorientiert sind und relativ spät zur Verfügung stehen,
- einen geringen Detaillierungsgrad vorweisen,
- keine spezifischen Risikoaspekte beinhalten, und
- für das Tagesgeschäft wenig Anhaltspunkte liefern.

In den meisten Fällen werden diese Pflichtinformationen um weitere freiwillige Informationen und Analysen ergänzt und die Periodizität erhöht. Die aus verschiedenen Quellen zusammengeführten Daten bilden die Grundlage für viele Unternehmensentscheide. Die folgenden Ausführungen zeigen auf, welche Informationen für welche finanziellen Entscheide wichtig sein können.

Für die finanzielle Führung eines kleinen oder mittelgroßen Unternehmens müssen also andere bzw. aktuellere Größen Verwendung finden. Welche dies sind, hängt sowohl von unternehmens- als auch von marktspezifischen Kriterien ab. Sinnvolle Kennzahlen können u. a. Auftragseingang, Mitarbeitenden-Produktivität oder Kundenzufriedenheit sein.

Im Umgang mit finanziellen Informationen müssen sich kleine und mittelgroße Unternehmen zur Kosten-Nutzen-Situation Gedanken machen. Hier kann die Berücksichtigung des sogenannten Pareto-Prinzips sinnvoll sein. Es besagt, dass mit relativ wenig Aufwand (ca. 20 %) ein relativ hoher Nutzen (ca. 80 %) erzielt werden kann. Das Prinzip wurde seit seiner Entwicklung vielfach bestätigt und im praktischen Unternehmensalltag, z. B. im Zeitmanagement und im Vertrieb, eingesetzt.

4.2.5 Kosten- und Leistungsrechnung

Es existiert viel Literatur über die Ziele und Aufgaben einer Kostenrechnung. Die Definitionen ähneln sich größtenteils und beinhalten in den meisten Fällen die vier Funktionen Dokumentation, Planung, Steuerung und Kontrolle (vgl. Becker und Holzmann 2016, S. 15 f.). Abhängig von der Ausgestaltung einer Kostenrechnung werden die einzelnen Funktionen mehr oder weniger umfassend erfüllt.

Die Dokumentationsfunktion wird erfüllt, wenn die Güter- und Leistungsströme wertmäßig nachverfolgt werden können. Man spricht in diesem Fall auch von einer Umsetzung in einen „sinnvollen Wertefluss". Die Unternehmensplanung wird durch die Kostenrechnung dahin gehend unterstützt, dass detaillierter auf Abteilungen, Produkten oder Kunden geplant werden kann. Die Steuerungsfunktion kann eine Kostenrechnung wahrnehmen, indem Datengrundlagen für Preisfestsetzungen, für die Sortimentsgestaltung, für die Leistungsbeurteilung sowie für Investitionsentscheide zur Verfügung gestellt werden. Durch regelmäßige Plan-Ist-Vergleiche in Bezug auf Umsätze, Kosten und Leistungen ermöglicht die Kostenrechnung sinnvolle Kontrollen.

Die Nutzenaspekte einer Kostenrechnung sind also vielfältiger Natur. Ein hervorzuhebender Nutzen besteht in der Preisfindung der eigenen Produkte und Dienstleistungen. Die der Preisfindung zugrunde liegende Kalkulation benötigt Informationen zu den Einzelkosten, zu Stunden- oder Maschinensätzen und Gemeinkostenzuschlägen. Diese Informationen liegen ohne funktionierende Kostenrechnung nicht vor und verhindern eine sich am Ressourcenverbrauch orientierende Preisfestsetzung. Richtet sich ein Unternehmen stattdessen bei der Preisfestsetzung lediglich am Marktpreis aus, so besteht die Gefahr, dass die so festgelegten Preise die Kosten nicht decken können.

Um die Kosten unter Kontrolle zu halten, empfiehlt es sich für Unternehmen, die Gesamtverantwortung auf möglichst sinnvolle Objekte zu verteilen. Diese Objekte können Abteilungen, Projekte, Produkte oder Kunden sein. Durch die Verteilung und Zuteilung der Verantwortung ist es für ein Unternehmen besser möglich, die eigenen Kosten zu planen und die Einhaltung des Plans zu kontrollieren.

Beispiel

Die Folper AG hat bei der Einführung ihrer Kostenrechnung folgende Erfahrungen gemacht:

- Die meisten ERP-Anbieter bieten Kostenrechnungsmodule an. Die Kosten dafür sind in vielen Fällen nicht ausschlaggebend und rechtfertigen den Nutzen.
- Die Folper AG musste sich im Voraus klar werden, welche Strukturen (Abteilungen, Kostenstellen) abgebildet sein müssen.
- Pro Kostenstelle hat die Folper AG die Leistungen und deren Wert (Tarif, Kostensatz) definiert. Dies ist erfolgt, indem die Kosten für die Leistungserstellung zur Leistungsmenge ins Verhältnis gestellt wurden.
- Für sämtliche Produkte und Dienstleistungen wurden die Herstellkosten berechnet. Als Grundlage dienten die erwarteten Einzelkosten sowie die berechneten Kostensätze.
- Für die nicht zuteilbaren Gemeinkosten (z. B. Verwaltung) wurden Zuschlagssätze festgelegt. Diese wurden in Abhängigkeit vom Verhältnis von Gemeinkosten zu den gesamten Herstellkosten definiert.
- Die Einführung der Kostenrechnung startete mit der Erweiterung des Planungsprozesses. Kosten wurden pro Kostenstelle aufgenommen und wenn möglich auf verschiedene Leistungsarten verteilt. Erlöse wurden pro Produkt geplant. Aus diesen Planwerten wurden Kostensätze und Zuschlagsgrößen ermittelt, die anschließend im IST angewendet wurden. Die Überprüfung der Werte im IST hat dazu geführt, dass einzelne Planwerte für das Folgejahr angepasst wurden.

Die Informationen aus der Kostenrechnung sollen schließlich mithelfen, das beschränkt zur Verfügung stehende Kapital optimal einzusetzen. Im Rahmen eines IKS kann eine angemessen ausgestaltete Kostenrechnung also dazu beitragen, die wahrheitsgetreue Berichterstattung auch auf die Budgetierung, die Kosten- und Leistungsrechnung (welche Kostentransparenz fördert) und interne Verrechnungspreise zu übertragen.

4.3 Zentrale Kontrolltypen implementieren

Die Steuerung von Risiken ist nur dann zielführend, wenn den identifizierten Risiken mit sinnvollen Kontrollmaßnahmen entgegengewirkt wird. Dabei ist jedes Risiko hinsichtlich Ursache und Wirkung einzigartig. Trotzdem haben sich in der Praxis einzelne Kontrollmaßnahmen als grundsätzlich wirksam herausgestellt. Der Kontrolleffekt dieser Maßnahmen kann bei verschiedenen Risiken zur Risikoreduzierung beitragen. In der Folge werden drei der verbreitetsten Maßnahmen mit konkreten Anwendungsgebieten kurz erläutert.

4.3.1 Funktionstrennung

Das Ziel der Funktionstrennung besteht in der Sicherstellung der Abwicklung einzelner Prozesse über verschiedene Mitarbeitende. Prozesse sollen organisatorisch so eingebettet sein, dass einzelne Mitarbeitende ihre Teilaufgaben mit hohem Risikopotenzial nicht alleine ausführen können. Beispielsweise sollten die Ausführung einer Tätigkeit und die Kontrolle des Ergebnisses nicht der gleichen Person zugeteilt werden. Dieser Ansatz ist auf den ersten Blick nicht ressourcenschonend, da durch zusätzliche Schnittstellen erhebliche Kommunikations- und Abstimmungsaufwendungen entstehen. Der große Vorteil der Funktionstrennung liegt indes darin, dass Fehler früher entdeckt, entsprechend einfacher korrigiert und damit die finanziellen Nachteile reduziert werden können. Gleichzeitig ist es eine entscheidende Maßnahme, um Betrugsfälle im Unternehmen zu erschweren.

Die Umsetzung der Funktionstrennung ist relativ aufwendig, da unter Umständen abnormale und ineffiziente Brüche im Geschäftsprozess definiert werden müssen. Für kleine und mittelgroße Unternehmen ist das Problem noch größer, da oft geeignete Mitarbeitende fehlen, die einen Teil der Aufgaben wahrnehmen können. Zu berücksichtigen ist, dass in diesen Fällen immer auch auf Externe zurückgegriffen werden kann, was im nächsten Beispiel kurz aufgegriffen wird.

Beispiel

Aufgrund der Größe der Termann AG ist eine vollständige Funktionstrennung nicht immer möglich. Um Betrugsfällen vorzubeugen, wurde folgende Kontrolle umgesetzt.

Solange der Alleinbuchhalter die Kreditorenstammdaten (und damit die Bankdaten) anpassen und die Zahlungen freigeben kann, besteht trotz

Sanktionsmaßnahmen das Risiko, dass Lieferantenzahlungen nicht auf das Bankkonto des Lieferanten, sondern auf ein Konto des Buchhalters fließen könnten. Aus diesem Grund hat die Termann AG entschieden, dass bei jeder Anpassung der Bankdaten die Kreditorenstammdaten durch das Treuhandunternehmen geprüft und freigegeben werden. Erst im Anschluss daran, ist die Freigabe der Zahlung möglich.

4.3.2 Vier-Augen-Prinzip

Das Vier-Augen-Prinzip ist eine präventive Kontrolle, die sicherstellen soll, dass nicht erwünschte Vorfälle entdeckt und damit verhindert werden. Dabei wird in den relevant befundenen Prozessen festgehalten, dass mindestens eine weitere Person das Prozessergebnis prüft. Prozessergebnisse können z. B. Entscheide, Verträge oder Produkte sein. Dadurch, dass eine weitere Person oder Kontrollinstanz eventuelle Fehler entdecken kann, werden Risiken reduziert.

Das Vier-Augen-Prinzip ist eine der am häufigsten verwendeten Kontrollmaßnahmen. Der Grund liegt darin, dass sie vergleichsweise einfach einzuführen ist. In informellen Verhältnissen reicht eine mündliche Weisung, in formelleren Verhältnissen muss die Prozessdefinition angepasst werden. Die Einführung und Umsetzung bedingt aber keine strukturellen Anpassungen im Unternehmen. Zu beachten ist lediglich, dass die kontrollierende Instanz sowohl die Erfahrung als auch die Kompetenz mitbringt, eine korrekte Beurteilung vorzunehmen. Dies kann v. a. in kleineren Unternehmen nicht immer sichergestellt werden.

Die Einfachheit führt dazu, dass das Vier-Augen-Prinzip in zahlreichen Prozessen zum Einsatz kommt. So werden z. B.:

- Lohnabrechnungen von der Personaladministration erstellt und vom Finanzleiter im Vier-Augen-Prinzip kontrolliert.
- Offerten vom Vertriebsmitarbeitenden erstellt und vom Geschäftsführer im Vier-Augen-Prinzip kontrolliert.
- Bestellungen vom Einkäufer vorgenommen und vom Leiter Einkauf im Vier-Augen-Prinzip kontrolliert.

Beispiel

Das Vier-Augen-Prinzip bei der Termann AG:
Der Alleinbuchhalter erstellt quartalsweise die Umsatzsteuer-Abrechnung. Aus risikopolitischen Überlegungen soll eine Kontrolle vorgenommen werden. Da im Unternehmen selbst keine weiteren Finanzexperten angestellt sind, wird die Kontrolle im Auftragsverhältnis an ein Treuhandunternehmen ausgelagert. Dieses übernimmt im Sinne eines Vier-Augen-Prinzips die Kontrolle und deckt eventuelle Fehler auf.

4.3.3 Berechtigungen und Datenzugriffe

Damit die Mitarbeitenden ihre Aufträge ausführen können, sind ihnen die dafür notwendigen Informationen zur Verfügung zu stellen (vgl. Abschn. 4.2.1). Allerdings sollen lediglich die für die Ausübung der Tätigkeit benötigten Informationen zugänglich sein. Eine Informationsüberflutung würde zu ineffizientem Handeln der Mitarbeitenden führen. Aus diesem Grund sind sinnvolle informationstechnische Zugriffsbeschränkungen einzurichten. Dies betrifft in erster Linie Dateiablagen, aber auch Zugriffe auf Daten in den einzelnen Software-Lösungen.

Moderne Software-Lösungen stellen dafür Berechtigungsfunktionalitäten zur Verfügung. Ziel davon ist der begrenzte und kontrollierte Zugriff auf Informationen, vielmehr aber noch die Einschränkung des Handlungsspielraums für Mitarbeitende. Aus Risikoüberlegungen sollten bestimmte Prozesse nicht vom selben Mitarbeitenden verantwortet werden. So sollte z. B. sichergestellt sein, dass Mitarbeitende, die Bestellungen auslösen können, nicht auch Rechnungen einbuchen und Zahlungen freigeben können. Moderne Systeme definieren dazu für die verschiedenen Tätigkeiten einzelne Berechtigungsobjekte und generieren daraus Rollen, die den Mitarbeitenden zugewiesen werden können.

So sinnvoll diese Funktion im entsprechenden Umfeld auch ist, so schwierig umsetzbar ist sie in kleinen und mittelgroßen Unternehmen. Das Problem dabei sind nicht die einzelnen Rollen, sondern die Zuordnung auf unterschiedliche Personen. In Konstellationen, in denen nur einzelne Mitarbeitende für einen Prozess verantwortlich sind und eine risikoreduzierende Aufteilung des Prozesses auf verschiedene Mitarbeitende nicht möglich ist, bringen Berechtigungslösungen nur wenig. In solchen Fällen müssen vermehrt Überwachungstätigkeiten (z. B. detektive Kontrollen der Unternehmensleitung) vorgenommen werden.

4.4 Operative Prozesse optimieren

Nachfolgend wird die möglichst ressourcenoptimale Umsetzung eines IKS für kleine und mittelgroße Unternehmen im Beschaffungs-, Absatz- und Personalprozess betrachtet. Diese drei Prozesse nehmen in beinahe allen Unternehmen eine wichtige Rolle ein, und stehen deshalb im Fokus der Ausführungen.

4.4.1 Beschaffungsprozess

Die sich aus der Beschaffung von Immobilien, Anlagen und Maschinen, IT-Systemen oder Fahrzeugen ergebenden finanziellen Risiken sowie die Maßnahmen zur Reduktion dieser Risiken werden im Folgenden ebenso betrachtet wie die Risiken, die sich aus dem Einkauf und der Lagerhaltung von Rohstoffen, Halbfabrikaten oder Handelswaren ergeben.

Nachfolgend werden zuerst organisatorische Maßnahmen für die Beschaffung aufgezeigt und für einzelne Teilprozesse konkrete Kontrollmaßnahmen erläutert.

Organisatorische Maßnahmen
Durch die angemessene Definition von Weisungen und Regelungen sowie die regelmäßige Prüfung deren Einhaltung kann ein Unternehmen Rahmenbedingungen schaffen, um finanzielle Risiken im Einkauf zu minimieren. Die folgende Auflistung zeigt, wie einzelne organisatorische Maßnahmen im Einkauf wirken:

- Organisationsreglement: Bezogen auf den Einkauf und die Lagerhaltung werden Rahmenbedingungen geschaffen, damit Einkäufe von den gewünschten Stellen genehmigt werden müssen (vgl. Abschn. 4.1.1).
- Kompetenzordnung: Die Kompetenzordnung regelt die Aufteilung der Kompetenzen zwischen der Unternehmensführung und einzelnen Bereichen. Sie verfolgt grundsätzlich dasselbe Ziel wie das Organisationsreglement, setzt die Vorgaben aber auf tieferer Stufe noch detaillierter um. Wiederum wird bezogen auf den Einkaufs- und Lagerhaltungsprozess das Ziel verfolgt, dass Einkäufe von den gewünschten Stellen genehmigt werden müssen.
- Unterschriftenreglement: Ein Unterschriftenreglement hält fest, wer welche Geschäftstransaktionen im Unternehmen genehmigen darf. Ziel dieses Dokuments ist es, eine kongruente Übereinstimmung von Aufgabe, Kompetenz und Verantwortung zu erreichen (vgl. Abschn. 4.1.1).
- Bank-Vollmacht: Die Regelung der Bank-Vollmacht definiert, wer welche Finanztransaktionen durchführen darf.

Ergänzend soll mit dem Investitionshandbuch ein direktives Instrument beschrieben werden, das in erster Linie in der Beschaffung Verwendung findet. Das Investitionshandbuch definiert den Umgang eines Unternehmens mit Investitionen. Dabei handelt es sich um Geschäftstransaktionen, durch die größere finanzielle Beträge in langfristige Vermögenswerte umgesetzt werden. Das finanzielle Risiko aus Investitionen ist bedingt durch die tendenziell hohen Beträge sowie durch die langfristige Bindung der finanziellen Mittel als hoch einzustufen. Risikobewusste Unternehmen versuchen daher, den Investitionsprozess durch die Definition von Teilschritten und Meilensteinen zu steuern. Dazu können Unternehmen ein Investitionshandbuch erstellen, das üblicherweise mindestens folgende Elemente beinhaltet:

1. Ziel und Zweck: Es wird einleitend ausgeführt, was mit dem Reglement erreicht werden soll.
2. Investitionsantrag: Ein wichtiger Teil ist die Beschreibung des Investitionsantragsprozesses. Dabei ist es wahrscheinlich, dass ein Unternehmen abhängig von der Anlageklasse (z. B. Kauf Beteiligung vs. IT-Beschaffung) oder vom Investitionsvolumen unterschiedliche Antragsprozesse definiert. Die Regelung, nach welchen Kriterien über eine Investition entschieden wird, ist dabei zentraler Bestandteil der Beschreibung des Antragsprozesses.
3. Laufendes Projektcontrolling: Vielfach reduziert sich der Investitionsprozess auf den Investitionsantrag. Es ist allerdings sinnvoll, wenn im Rahmen des Investitionshandbuches auch Vorgaben zum laufenden Projektcontrolling (inkl. Projektberichten) gemacht werden.
4. Organisatorisches: In diesem Abschnitt ist aufgeführt, welcher Mitarbeitende den Prozess verantwortet, wer Unterstützung bietet, wo Vorlagen hinterlegt und Vorgaben zum Zeitplan vorzufinden sind.

Beispiel

Die Folper AG erbringt personalintensive Dienstleistungen, die im Grundsatz ohne Einsatz von großen Maschinen oder Anlagen geleistet werden können. Entsprechend gering sind das Investitionsvolumen und das Risiko daraus. Trotz des beschränkten Risikos für das Unternehmen verwendet die Folper AG ein Investitionshandbuch, in welchem der Investitionsprozess abhängig vom geplanten Investitionsvolumen geregelt ist. Kernaussagen darin sind:

- Ab einem Investitionsbetrag von CHF 50.000 wird ein dreistufiges Genehmigungsverfahren angewendet, in welchem am Schluss jeweils die erwartete Rendite und die Risiken der Investition aufgezeigt werden müssen.
- Als Beurteilungsgröße für den Erfolg einer geplanten Investition bzw. als Kriterium für die Auswahl einer bestimmten Alternative wird auf die statische Gewinn- bzw. Kostenvergleichsrechnung sowie die Methode des statischen Paybacks zurückgegriffen.
- Für Investitionen ab einem Betrag von CHF 50.000 wird während der Investition und bis drei Jahre nach Produktivstart ein Investitionscontrolling vorgenommen um sicherzustellen, dass die durch die Investition beabsichtigten Effekte auch eintreten.

Wie bei allen formellen Instrumenten gilt für die aufgezeigten organisatorischen Maßnahmen, dass die Erstellung und die Weiterentwicklung, aber auch die Durchsetzung der Anwendung, mit erheblichem Aufwand verbunden sein können. Ein Nutzenvorteil ergibt sich folglich dann, wenn regelmäßig größere Investitionsvorhaben anstehen.

IKS im Bestellprozess

Die Bestellung begründet in den meisten Fällen das Vertragsverhältnis mit dem Lieferanten. Zum Zeitpunkt der Bestellung sollte also bereits überprüft worden sein, ob eine Geschäftstransaktion unter Berücksichtigung von Preis, Qualität, Menge, Lieferdatum, Zahlungsbedingungen etc. sinnvoll erscheint. Die nachfolgenden Maßnahmen können helfen, diesen Prozess zu verbessern.

Lieferantenbeurteilung

Die Leistungen der Lieferanten unterscheiden sich vielfach nicht nur im Preis, sondern auch in der Qualität der gelieferten Produkte und Dienstleistungen. Daneben existieren auch Unterschiede betreffend Kundenservice und Lieferzuverlässigkeit. Eine Analyse lohnt sich, um für eine Bestellung den optimalen Lieferanten zu eruieren. Da mehrere Teilaspekte in eine Lieferantenbeurteilung einfließen, eignet sich dafür insbesondere das Instrument der Nutzwertanalyse. Dazu bestimmt das Unternehmen vorgängig die relevanten Kriterien und deren Gewichtung (z. B. Preis 50 %, Qualität 30 %, Zuverlässigkeit 15 %, Herkunft 5 %). Anschließend wird jeder Lieferant pro Kriterium beurteilt. Die Gesamtbeurteilung des Lieferanten errechnet sich aus der Relevanz des Kriteriums sowie dem jeweiligen Erfüllungsgrad.

Das Ziel der Lieferantenbeurteilung ist der optimierte Einsatz der Ressourcen und die Reduktion von Risiken. Der optimale Ressourceneinsatz wird angestrebt, indem keine überteuerten Produkte eingekauft werden. Die Risikoreduktion wird durch zuverlässige Lieferanten und eine gute Produktqualität erreicht.

Beispiel

Die Einkaufsmodule im ERP-System der Folper AG zeichnen sämtliche Geschäftstransaktionen auf. Mengen und Preise sind pro Artikel ebenso vorhanden wie Termine und Rücksendungen pro Bestellung. Aus all diesen Informationen generiert das ERP-System verschiedene Analysen der Lieferanten. Die Lieferanten werden nach Preisschwankungen, Termintreue und Lieferqualität beurteilt. Diese Informationen werden bei der Festlegung von strategischen Partnerschaften und in der Verhandlung von kurzfristigen Bestellkonditionen verwendet. Die Folper AG analysiert zweimal jährlich die Lieferanten basierend auf den Gegebenheiten der vergangenen zwölf Monate.

Berücksichtigung des finanziellen Umfelds
Das mit einer Bestellung begründete Vertragsverhältnis führt in aller Regel zu einer finanziellen Verpflichtung des Unternehmens. Deshalb ist bereits zum Zeitpunkt der Bestellung die finanzielle Situation des eigenen Unternehmens zu prüfen:

- Das allerwichtigste Kriterium ist dabei die Liquidität. Das Unternehmen muss sicherstellen, dass zum erwarteten Zahlungsdatum genügend Liquidität vorhanden ist, um die Verpflichtung zu erfüllen.
- Zusätzlich muss das Finanzbudget herangezogen werden um zu prüfen, ob mit der geplanten Bestellung das Budget eingehalten werden kann. Unter Umständen ist eine weniger dringliche Bestellung aus Budgetgründen zu verschieben.
- International tätige Unternehmen sollten zudem auch ihre Fremdwährungsbestände prüfen. Es kann sowohl aus Kosten- wie auch aus Risikoüberlegungen sinnvoll sein, die Bestellwährung an zukünftige Fremdwährungsbestände anzugleichen. Falls dadurch Kursumwandlungen verhindert werden, können Gebühren in der Höhe von 1–2 % des jeweiligen Betrages eingespart werden. Zudem wird das Risiko von zukünftigen Kursverlusten reduziert.

Beispiel

Die angespannte finanzielle Lage der Folper AG führt dazu, dass vor Bestellauslösung die Liquidität der nächsten Wochen und Monate prognostiziert wird. Dadurch ist die Folper AG in der Lage besser abzuschätzen, ob sie ihren finanziellen Verpflichtungen aus der Bestellung termingerecht nachkommen

kann. Sind finanzielle Engpässe zu erwarten, so versucht sie die Zahlungskonditionen mit dem Lieferanten so festzulegen, dass die Zahlungsausgänge
mit erwarteten Zahlungseingängen übereinstimmen.

IKS im Wareneingangs- und Lagerhaltungsprozess

Der Wareneingangs- und Lagerhaltungsprozess birgt je nach Branchenzuge-
hörigkeit eines Unternehmens große Risiken. Die Risiken sind umso größer, je
umfangreicher und wertvoller das Warenlager ist. Von großen Lagerbeständen
betroffen sind üblicherweise die verarbeitende Industrie sowie der Handel.
Diese Branchen zeichnen sich auch dadurch aus, dass Kenntnisse über Menge
und Qualität der vorhandenen Bestände sehr wichtig und für eine hohe Kundenzufriedenheit unabdingbar sind. Kontrollmaßnahmen bieten sich im Warenein-
gang, in der eigentlichen Lagerhaltung und in der Disposition an.

Die nachfolgend aufgeführten Kontrollen sind generisch und gelten für die
meisten Branchen. Individuelle Anforderungen aus speziellen Branchen wie z. B.
der Lebensmittelindustrie werden nicht genauer spezifiziert.

Wareneingangskontrolle

Ziel der Wareneingangskontrolle ist die Überprüfung, ob die Waren in der richtigen Anzahl, der gewünschten Qualität und der geforderten Spezifikation geliefert
wurden. Die Grundlage für die Prüfung stellt der Abgleich zwischen Liefer- und
Bestelldokument dar, wobei je nach Wichtigkeit der Waren stichprobenweise
überprüft wird, ob Qualität und Spezifikation stimmen. Eine sinnvolle Maßnahme
hierzu ist die Funktionstrennung zwischen Entgegennahme und Prüfung der
Waren und der Verbuchung der Lieferung anzuwenden. Die Lieferung darf erst
verbucht werden, wenn die Korrektheit der Lieferung überprüft wurde.

Fehler in der Wareneingangsprüfung können minimiert werden, wenn in der
IT-Lösung festgelegt wird, dass keine Wareneingänge ohne Bestellungen erfasst
werden dürfen. Die Bestellung liefert Vergleichsdaten für die Überprüfung,
sodass die Lieferung mit geringem zusätzlichen Aufwand geprüft werden kann.
Den gleichen Kontrolleffekt gibt es anschließend bei der Rechnungsprüfung.
Abweichungen im Preis oder bei den Zahlungsbedingungen sind sofort ersichtlich.

Beispiel

Die Folper AG hat vor einiger Zeit festgehalten, dass für die geplanten Einkäufe von A- und B-Materialien zwingend eine Bestellung im System erfasst
werden muss. Da bis dahin praktisch keine Bestellungen erfasst wurden, hat
der Einkauf damals diese Vorgabe infrage gestellt.

Nachdem die Maßnahme nun zwei Jahre in Kraft ist, möchte der Einkauf nicht mehr darauf verzichten. Gründe für die hohe Zufriedenheit sind:

- Administrativer Aufwand ist nicht so hoch wie befürchtet
- Überwachen der Bestellungen wird möglich
- Lieferantenbeurteilung wird möglich
- Zusammenarbeit mit dem Finanzbereich sowie dem Controlling hat sich verbessert.

Lagerhaltung und Disposition
In der Lagerhaltung existieren verschiedene Risiken (vgl. Hunziker et al. 2015b, S. 145 ff.). Risiken wie Unkenntnis über den Warenbestand, Überalterung der Bestände oder Schwund können begegnet werden, indem die Warenbestände erfasst und verfolgt werden. Die Erfassung von Warenbewegungen ist mit Aufwand verbunden. Dieser kann aber mit modernen Scanning-Lösungen deutlich reduziert werden. Die durch die genaue Aufzeichnung sämtlicher Bewegungen gewonnenen Erkenntnisse über die Lagerbestände ermöglichen die Optimierung des Lagers und führen zu einer Verbesserung der finanziellen Situation eines Unternehmens. Die meisten Lagerverwaltungslösungen bieten zudem auch noch Dispositionsfunktionalitäten an, was zu weiteren Optimierungen in den Lagerbeständen führen kann.

Beispiel

Die Folper AG hat vor einem halben Jahr festgehalten, dass für sämtliche Warenbewegungen (Eingänge, Ausgänge, Retouren) Lieferscheine erstellt und daraus die Warenbewegungen verbucht werden. Da bis dahin keine Warenbewegungen verbucht wurden, hat sich die administrative Arbeit der Lagermitarbeitenden vervielfacht. Aus kultureller Sicht wurden v. a. bei den Lagermitarbeitenden Ängste wach, dass deren Wissen und Erfahrung durch IT abgelöst wird.

Nach sechs Monaten konnte festgestellt werden, dass im Lager viel effizienter gearbeitet wurde. Lange Suchzeiten von Waren, zu große Einkaufsmengen und überaltertes Material traten nur noch selten auf. Auch hat sich die Zusammenarbeit mit dem Einkauf und Verkauf verbessert, da heute deutlich transparenter kommuniziert wird.

IKS im Rechnungseingangsprozess
Die Verbuchung von Rechnungen hat direkten Einfluss auf das Ergebnis eines Unternehmens. Es ist deshalb wichtig zu prüfen, dass die jeweils vorliegende

Rechnung korrekt ist und damit später zur Zahlung freigegeben werden kann. Dies wird üblicherweise über die Visierung der Rechnung sichergestellt. Korrekt in diesem Kontext meint, dass die fakturierte Leistung zugunsten des Unternehmens erbracht wurde und mit den vertraglichen Grundlagen übereinstimmt. Sinnvollerweise wird ab einem bestimmten Rechnungsbetrag das Vier-Augen-Prinzip angewendet. Um die Eingangsrechnung möglichst einfach kontrollieren zu können, müssen die Grundlagen wie Verträge, Bestellungen oder Wareneingänge vorhanden sein. In integrierten IT-Systemen oder in Systemen mit Archivierung ist diese Voraussetzung in den meisten Fällen erfüllt.

Während des Genehmigungsprozesses und ohne erfolgte Prüfung können Eingangsrechnungen nicht verbucht werden. Damit diese in einer Liquiditätsvorschau oder einem Budgetvergleich trotzdem erscheinen, können diese je nach Software-Lösung provisorisch verbucht werden.

> **Beispiel**
>
> Der Rechnungseingangsprozess der Folper AG sieht vor, dass Eingangsrechnungen von der Administration gescannt und als PDF-Datei gespeichert werden. Daraufhin wird ein Workflow angestoßen, der sowohl dem zuständigen Projektleiter als auch dem Rechnungswesen ein E-Mail mit der angehängten Datei zustellt. Das Rechnungswesen erfasst die Rechnung provisorisch. Der zuständige Projektleiter kann die Rechnung direkt im E-Mail elektronisch visieren. Sobald die Rechnung visiert ist, erhält das Rechnungswesen eine Information, dass die Eingangsrechnung definitiv erfasst werden kann. Der Workflow ist so weit ausgebaut, dass ein Mehrfachvisum abhängig vom Rechnungsbetrag möglich ist.
>
> Dieser Prozess ist sehr effizient organisiert, da die Visierung vollständig elektronisch abläuft. Ein weiterer Vorteil liegt darin, dass dank dem Workflow jederzeit verfolgt werden kann, welcher Mitarbeitende noch offene Aufgaben zu erledigen hat. Im Rahmen der finanziellen Führung von großem Nutzen ist die provisorische Erfassung der Rechnung, da im Rechnungswesen sofort die Konsequenzen auf Liquidität und Aufwand ersichtlich werden.

IKS im Zahlungsausgangsprozess

Kontrollen in der Abwicklung des Zahlungsprozesses sind aufgrund des direkten Bezugs zur Liquidität sehr wichtig. Eine wichtige Kontrolle, aber wie erwähnt nicht in jedem Fall praktikabel, ist die Funktionstrennung. Die Zahlungsfreigabe sollte nicht von der gleichen Person erledigt werden wie die Rechnungseingangsprüfung. Zusätzlich im Umfeld von kleinen und mittelgroßen Unternehmen ebenfalls bedingt praktikabel ist der Grundsatz, dass diejenige Person, welche die Bankdaten der Lieferanten anpasst, nicht auch Rechnungen erfassen darf.

Die wichtigste Kontrollmaßnahme im Zahlungsausgangsprozess ist die eigentliche Zahlungsfreigabe im E-Banking. Hier muss sichergestellt werden, dass diese nur mit Kollektivunterschrift erfolgt.

Beispiel

Wie vorangehend erwähnt, sind einige der vorgeschlagenen Kontrollen für kleine und mittelgroße Unternehmen nur eingeschränkt praktikabel. Die Termann AG hat deshalb folgende Regelung definiert: Rechnungen werden von Projektleitern visiert, von der Buchhalterin erfasst und von dieser ins E-Banking gestellt. Die Buchhalterin macht zudem auch die Lohnabrechnungen und stellt auch diese Zahlungsdatei ins E-Banking. Die endgültige Kontrolle der Eingangsrechnungen erfolgt im Rahmen der Zahlungsfreigabe. Hierbei prüft der Geschäftsleiter, ob die Rechnungen korrekt sind und die Zahlung ausgeführt werden kann.

Betreffend Lohnauszahlung wurde der Prozess so definiert, dass ein Treuhandunternehmen die Lohnabrechnungen prüft und anschließend im E-Banking die Datei freigibt. Der Grund liegt darin, dass der entsprechende Treuhandmitarbeitende das größere Wissen betreffend Lohnbuchhaltung hat und deshalb besser beurteilen kann, ob die Lohnauszahlungen in dieser Form ausgelöst werden können.

4.4.2 Absatzprozess

Im Kundenbereich steht der Order-to-Cash- oder Absatzprozess im Zentrum der finanziellen Führung. Dieser Prozess ist für die Liquidität und die Ertragssituation eines Unternehmens wichtig. Es ist deshalb von großer Bedeutung, dass dieser Prozess zielorientiert gesteuert und unnötige Risiken vermieden werden. Risiken mit negativen Folgen existieren sowohl in der Offert-, Leistungserstellungs- oder in der Fakturierungs- und Zahlungsphase.

Finanzielle Steuerung in der Offertphase

Die Offertphase zeichnet sich dadurch aus, dass Leistungsangebote definiert und der Preis inkl. Zahlungsbedingungen festgelegt werden. In dieser Phase werden maßgeblich die Weichen für die zukünftige finanzielle Situation gestellt. Das Unternehmen hat dabei zu beachten, dass Preiserhöhungen in Zukunft am Markt nur schwer durchsetzbar sind. Rabatte können mithelfen, die Grundpreise hoch zu halten und trotzdem konkurrenzfähige Angebote zu erstellen. Generell ist es in diesem Zusammenhang entscheidend, dass Unternehmen ihre Kostenstruktur und dadurch kurz- und langfristige Preisuntergrenzen kennen (vgl. Abschn. 4.2.5).

Die Liquidität einer Unternehmung wird vom Zahlungsverhalten der Kunden beeinflusst, dieses wiederum ist abhängig von den vereinbarten Zahlungskonditionen. Die Mitarbeitenden im Verkauf sind vielfach am Abschluss eines Geschäfts interessiert. Im Rahmen von Verhandlungen wird dabei den Preisen oft eine größere Aufmerksamkeit als den Zahlungskonditionen geschenkt. Deshalb ist es wichtig, im Rahmen von Verhandlungen dem Liquiditätsthema eine gebührende Rolle zuzuteilen. Es ist hierbei zu beachten, dass möglichst frühe Zahlungseingänge angestrebt werden, ohne jedoch zu viel der Marge als Skonto an den Kunden zurückzugeben.

Übergreifende Risiken, die sowohl die Liquidität und die Ertragssituation signifikant beeinflussen können, sind Währungsrisiken und Zahlungsausfälle. Beides sind unternehmerische Risiken, die bis zu einem bestimmten Maß durch verantwortungsvolles Handeln reduziert und abgefedert werden können.

Fremdwährungsrisiken treten auf, wenn Transaktionen in fremder Währung vollzogen werden und die Zeitdauer zwischen Preisfestsetzung und Zahlungseingang groß ist.

Es gibt mehrere Maßnahmen, um dem Fremdwährungsrisiko angemessen zu entgegnen. Wird das Fremdwährungsrisiko aufgrund der Menge der Transaktionen oder der Volatilität der betroffenen Währungen als groß erachtet, so lohnen sich finanzielle Absicherungsinstrumente. Solche Instrumente werden von Finanzinstituten mit dem Ziel angeboten, das Verlustpotenzial der Unternehmen zu begrenzen. Sie gelten allerdings als teuer und werden v. a. von kleineren Unternehmen wenig in Anspruch genommen. Deutlich kostengünstigere Maßnahmen sind solche, mit denen versucht wird, die zukünftigen Fremdwährungsüber und -unterdeckungen aufeinander abzustimmen. Lassen z. B. aktuelle Verkaufsaufträge zukünftige Überschüsse in US-Dollar erwarten, so wird versucht, diese durch Einkäufe in US-Dollar abzubauen. Dieses sogenannte Netting führt dazu, dass eventuelle Kursschwankungen durch die Abstimmung von Ein- und Verkäufen egalisiert werden.

Beispiel

Die Folper AG führt relativ große Projekte aus. Entsprechend wichtig ist es, dass die finanziellen Konsequenzen der entsprechenden Offerten überprüft werden. Aus diesem Grund werden im Rahmen einer Offertstellung die folgenden Kontrollen gemacht:

- Welcher Bruttogewinn wird mit dem Offertbetrag erwirtschaftet? Die interne Vorgabe lautet, dass mindestens eine Bruttogewinn-Marge von 48 % erwirtschaftet werden muss.

- Die Projekte werden auf ihren Einfluss hinsichtlich Liquidität beurteilt. Dazu wird genau festgelegt, wann mit welchen Ein- und Ausgangszahlungen zu rechnen ist. Wird in der Planung festgestellt, dass der Liquiditätsbestand existenzgefährdend ist, so werden die Zahlungskonditionen geändert.
- Wenn Offerten in Fremdwährung erstellt werden, so wird der geplante Saldo dieser Währung bis drei Monate nach dem geplanten Zahlungseingang überprüft. Falls sich keine Verwendung der Fremdwährung abzeichnet, so wird geprüft, ob der Betrag durch finanzielle Instrumente abgesichert werden soll.

Von Zahlungsausfällen wird gesprochen, wenn Kunden ihren Zahlungsverpflichtungen nicht nachkommen und die offenen Forderungen ausgebucht werden müssen. Die Auswirkung auf den Gewinn und die geplante Liquidität in der Höhe des Ausfalls ist direkt spürbar. Es ist inhärenter Teil des Wirtschaftens, dass nicht alle Zahlungsverpflichtungen immer zeitgerecht erfüllt werden können. Unternehmen haben aber die Möglichkeit, bereits in der Offertphase das Risiko reduzieren. Dazu bieten sich folgende zwei Maßnahmen an:

- Neukunden sind genau zu überprüfen. Ein geeignetes Mittel dafür sind Bonitätsabfragen. Spezialisierte Kreditinformationsagenturen verfügen über Daten zu Unternehmen und können einschätzen, ob Zahlungsausfälle zu erwarten sind. Ist dies der Fall, kann das Unternehmen die Zahlungsfristen in der Offerte anpassen. Im Extremfall muss der Kunde sogar Vorauszahlungen leisten.
- Der Umgang mit Bestandeskunden ist schwierig, obwohl die Informationsgrundlage besser ist. Aufgrund des Zahlungsverhaltens kann abgeschätzt werden, ob in Zukunft mit Einbußen zu rechnen ist.

Beispiel

Aufgrund von mehreren Zahlungsausfällen hat sie sich die Termann AG entschlossen, die elektronische Bonitätsauskunft direkt an ihr Offerterfassungstool anzuschließen. Beim Erstellen einer Offerte kann per Knopfdruck eine Bonitätsauskunft verlangt werden. Das Ergebnis der Bonitätsauskunft wird anhand von Ampelfarben angezeigt.

Die Termann AG nutzt diese Zusatzinformation, indem sie die Zahlungskonditionen an die Ergebnisse anpasst. Je schlechter die Bonität des Kunden, umso kürzer werden die Zahlungsfristen festgelegt. Für bestehende Kunden wird die Bonitätsauskunft nur in Ausnahmefällen eingeholt. Bei der Erstellung von Offerten werden bei Bestandeskunden die offenen Posten beurteilt und abhängig von deren Entwicklung die Zahlungsfristen angepasst.

Finanzielle Steuerung in der Leistungserstellung

Betrifft die Leistungserstellung die Lieferung eines Produkts, so ist der Spielraum für finanzielle Steuerungsmaßnahmen gering. Ist die vereinbarte Leistung aber ein Projekt oder eine Dienstleistung, so können verschiedene Kontrollmaßnahmen während der Leistungserstellung einen Mehrwert schaffen.

Ohne auf die konkrete Leistung einzugehen, kann festgehalten werden, dass die regelmäßige Ermittlung von aufgelaufenen Kosten sowie die Aktualisierung von geplanten Kosten entscheidend für die finanzielle Steuerung des Ergebnisses ist. Für die laufende Ermittlung der aufgelaufenen Kosten bedarf es einer funktionierenden Kostenrechnung (vgl. Abschn. 4.2.5) sowie sinnvoll definierter und gelebter Prozesse, die sicherstellen, dass die richtigen Informationen zeitnah zur Verfügung stehen. Aufgaben von Projekt- oder Auftragsverantwortlichen sind u. a., die richtigen Maßnahmen zu treffen, um die geplanten Ergebnisse zu erreichen und die prognostizierten Zahlungsflüsse (Teil- oder Schlusszahlungen) sicherzustellen.

IKS in der Fakturierung und im Zahlungseingang

Der Prozess der Fakturierung stellt sicher, dass Unternehmen die erbrachten Leistungen zum vertraglich festgelegten Preis gemäß Offerte in Rechnung stellen und damit dem Kunden die Aufforderung zur Begleichung der Gegenleistung zukommen lassen. Die finanziellen Risiken im Rahmen der Fakturierung betreffen in erster Linie die Höhe der Rechnung. Dabei hat das Unternehmen zu beachten, dass die tatsächlich erbrachte Leistung in Rechnung gestellt wird. Ob dies möglich ist, hängt von der Art des zugrunde liegenden Vertrages ab; die Varianten reichen vom einfachen Kaufvertrag über den Auftrag bis zum Werkvertrag.

Damit Unternehmen somit die erbrachten Leistungen vollumfänglich fakturieren können, sind vorgängig vorteilhafte Verträge auszuhandeln. Vor allem für Dienstleistungsunternehmen ist es zudem wichtig, dass die effektiven Leistungen auf den Aufträgen ersichtlich sind. Eine effiziente Zeit- bzw. Betriebsdatenerfassung ist daher notwendig, um korrekte Rechnungen erstellen zu können.

Von sekundärer Bedeutung, aber insbesondere für den Liquiditätsaspekt wichtig, ist der Zeitpunkt der Rechnungsstellung. Je früher die Rechnung dem Kunden zugestellt wird, umso eher ist mit einem Zahlungseingang zu rechnen.

Beispiel

Ein großer Teil der Tätigkeiten der Folper AG umfasst Dienstleistungen, die nach Aufwand verrechnet werden. Die Folper AG stellt deshalb mittels Anordnung sicher, dass die geleisteten Stunden innerhalb von 48 h erfasst und den Aufträgen zugeordnet werden. Im Rahmen der monatlichen Fakturierung wird überprüft, dass sämtliche Leistungen fakturiert wurden. Wie andere Dienstleistungsunternehmen auch, hat die Folper AG ein Problem im Umgang mit nicht zu fakturierenden Stunden, die aufgrund von Schwierigkeiten bei der Leistungserstellung anfallen. Dieser Sachverhalt wurde dahin gehend optimiert, dass solche Leistungen nur durch den Projektleiter als „nicht fakturierbar" definiert werden dürfen.

Kundenzahlungen stellen die vertragliche Gegenleistung dar und schließen üblicherweise den Verkaufs- bzw. Absatzprozess ab. Das unternehmerische Risiko, dass keine oder eine nicht vollumfängliche Zahlung erfolgt, kann durch einen sinnvollen Mahnprozess reduziert werden. Der Mahnprozess stellt sicher, dass der Kunde in regelmäßigen Abständen auf die nicht erfolgte Zahlung aufmerksam gemacht wird. Gleichzeitig können damit rechtliche Schritte vorbereitet bzw. eingeleitet werden. Ein angemessener Mahnprozess zeichnet sich durch Folgendes aus:

- Regelmäßige Mahnläufe mit jeweiliger Erhöhung der Mahnstufe und entsprechenden textlichen Anpassungen
- Automatischer Einbezug sämtlicher offener Rechnungen
- Ausschließlich der Finanzverantwortliche darf Mahnstopps für einzelne Rechnungen bzw. Kunden beschließen

Kann ein Zahlungseingang festgestellt werden, so ist zu prüfen, für was die Zahlung vorgenommen wurde. Diese Prüfung umfasst die Identifikation der offenen Rechnung sowie die Prüfung des Betrages. Für die Prüfung des bezahlten Betrages sind der Rechnungsbetrag, die Zahlungskonditionen (ev. Skontoabzug) sowie die Mahnstufe (ev. Mahngebühren) zu berücksichtigen. Entspricht der bezahlte Betrag nicht dem erwarteten Betrag, so müssen Gründe für die Differenz eruiert werden. Kleindifferenzen sind sinnvollerweise auszubuchen. Größere Differenzen sind als offene Posten weiter zu führen und auch weiter zu mahnen.

Beispiel

Die Folper AG hat wenige, mehrheitlich langjährig bekannte Kunden. Aufgrund der jahrelangen Geschäftsbeziehungen und dem gegenseitigen Vertrauen verzichtet sie auf einen vollständig automatisierten Mahnprozess. Zwar wird vom System monatlich eine Mahnliste generiert, bevor diese allerdings dem Kunden zugesandt wird, wird sie vorgängig vom Key Account Manager (Kundenberater) eingesehen. Dieser kann Mahnstopps pro Rechnung definieren, dann nämlich, wenn die eigene Leistungsstellung noch nicht abschließend geklärt ist.

Die einzige Ausnahme davon ist die erste Mahnung. Die Folper AG beabsichtigt damit, den Kunden über die offene Rechnung zu informieren. Dieser Schritt ist notwendig, weil dem Kunden unter Umständen die Rechnung entgangen bzw. durch den Kundenberater vorenthalten wurde. Im Rahmen des Zahlungseingangs wird bei der Verbuchung eine allfällige Differenz auftreten. Differenzen, die kleiner als EUR 10 sind, werden direkt aufwandswirksam verbucht. Für Differenzen größer als EUR 10 wird eine Teilzahlung verbucht und der noch offene Betrag mit Mahngebühren eingefordert.

4.4.3 Personalprozess

Für die meisten Unternehmen in Deutschland, Österreich und der Schweiz sind die Personalaufwände eine der größten Aufwandspositionen. Im Gegenzug ist das Personal für viele Unternehmen einer der wichtigsten Erfolgsfaktoren. Aufgrund der betriebswirtschaftlichen Bedeutung dieser Ressource werden im Folgenden direkt und indirekt finanzrelevante Maßnahmen erläutert.

Direkt finanzrelevante Kontrollmaßnahmen

Lohnauszahlung
Ein effektiver Lohnprozess stellt sicher, dass die von den Mitarbeitenden eingebrachten Ressourcen korrekt ermittelt und abgegolten werden und keine ungerechtfertigten Zahlungsausgänge erfolgen. Ungerechtfertigte Zahlungsausgänge können verhindert werden, wenn die folgenden Kontrollmaßnahmen umgesetzt werden.

- Der Einsatz einer Lohnverbuchungssoftware kann manuelle Fehler verhindern und die grundsätzliche Richtigkeit der Verbuchung sicherstellen. Zahlreiche Unternehmen verwenden jedoch noch immer Tabellenkalkulationen für die Berechnung der Salärzahlungen. Dieses Vorgehen ist fehleranfällig und verfügt nicht über systemimmanente Kontrollen.
- Durch absichtliche oder unabsichtliche Fehlmanipulationen können im System hinterlegte Daten falsch sein. Die regelmäßige Kontrolle soll helfen, Fehler aufzudecken. Folgende Daten müssen u. a. regelmäßig überprüft werden:
  - Stimmt der Bruttolohn mit dem Arbeitsvertrag und den aktuellsten Vereinbarungen überein? Dies ist insbesondere bei Jahresbeginn zu prüfen, wird aber sinnvollerweise unterjährig ein- oder mehrmals wiederholt.

- Stimmen die Personalstammdaten im Hinblick auf Geburtstag, Zivilstand und Anzahl Kinder? Diese Stammdaten beeinflussen relevante Abzüge für Sozialversicherungen als auch Zuschüsse wie Familienzulagen und könnten dadurch für Manipulationen zu Hilfe gezogen werden.
- Unregelmäßige Zahlungen wie Bonus, Gratifikation oder Stundenlöhne können sich von Salärauszahlung zu Salärauszahlung unterscheiden. Die manuelle Erfassung ist fehleranfällig und muss nach dem Vier-Augen-Prinzip kontrolliert werden.
- Bonus- und Provisionszahlungen sind vielfach variabel und von Basisgrößen (z. B. Umsatz, Gewinn) abhängig. Je nach rechtlicher Ausgestaltung sind weitere Freiheitsgrade zu berücksichtigen. Damit bei der Bestimmung von Bonus- und Provisionszahlungen weder Manipulationen noch Ungerechtigkeiten auftreten, sollte dafür eine schriftliche Grundlage geschaffen werden.
- Spesenbelege sind bewusst oder unbewusst nicht in jedem Fall betrieblich motiviert. Es ist eine wichtige Kontrollmaßnahme, dass Spesenbelege durch Personalmitarbeitende oder Vorgesetzte darauf geprüft werden, ob eine Ausgabe tatsächlich angefallen ist und ob sie betrieblich verursacht ist.

Beispiel

Die administrative Mitarbeiterin der Termann AG führt monatlich einen Lohnlauf durch. Die Termann AG beschäftigt keine weiteren Mitarbeitenden, die eine kompetente Prüfung des Lohnlaufs vornehmen können. Aus diesem Grund wird der monatliche Lohnlauf durch die Administration erstellt, das Ergebnis des Lohnlaufs wird allerdings vor der Freigabe an ein Treuhandunternehmen zur Prüfung übergeben. Erst wenn die entsprechende Richtigkeitsbestätigung folgt, wird der Lohnlauf effektiv durchgeführt, verbucht und die Lohnzahlung ins E-Banking übertragen.

Arbeitszeiterfassung

Weitere Manipulationen mit direkt finanziellen Konsequenzen betreffen die An- und Abwesenheiten der Mitarbeitenden. Ungerechtfertigte Abwesenheiten und zu viel erfasste Anwesenheiten führen zu erhöhtem Personalaufwand und früher oder später auch zu Liquiditätsabgängen. Klare Vorgaben und eine regelmäßige Überprüfung sind einfache, aber sinnvolle Kontrollmaßnahmen. Im Rahmen von Zeitreglementen kann ein Unternehmen definieren, welche Stunden erfasst werden dürfen (z. B. Teilnahme Weihnachtsfest, Arztbesuch bei Teilzeitangestellten) und wie Stunden zu kontieren und kommentieren sind. Automatische Eintritts- und Zeiterfassungssysteme gehen noch einen Schritt weiter und verhindern manuelle Fehleingaben fast gänzlich.

Beispiel

Die Folper AG setzt seit Jahren ein Zeiterfassungsreglement ein mit dem Ziel, alle Mitarbeitenden gleichzustellen und eine gesetzeskonforme Zeiterfassung sicherzustellen. Das Zeiterfassungsreglement sieht u. a. Folgendes vor:

- Die Zeiten sind innerhalb von zwei Arbeitstagen zu erfassen. Mit dieser Regel wird eine zeitnahe Prüfung der Stunden ermöglicht.
- Es gibt verschiedene Arbeitskalender, aber pro Arbeitspensum nur einen. Dies wird in erster Linie für Teilzeit-Mitarbeitende benötigt. Dadurch kann sichergestellt werden, dass nicht zu viele koexistierende Zeitkalender genutzt werden.
- Die Mitarbeitenden müssen ihre Präsenzzeit vollständig auf Projekte und Arbeiten verteilen (Vollzeiterfassung). Die Vollzeiterfassung stellt sicher, dass eine sinnvolle Auswertung über die Art der geleisteten Arbeit möglich wird.

Indirekt finanzrelevante Kontrollmaßnahmen

Der große Einfluss der Mitarbeitenden auf das gesamte Unternehmen wirkt sich auch auf die Erreichung der finanziellen (IKS-)Ziele aus. Erhöhte Fluktuationsraten und entsprechend unproduktivere Mitarbeitende oder unterforderte Mitarbeitende beeinflussen die finanziellen Ergebnisse negativ. Das gleiche gilt für unzufriedene oder zu wenig qualifizierte Mitarbeitende. Im Rahmen der Personalführung ist diesen Aspekten besondere Beachtung zu schenken. Konkrete Maßnahmen in der Personalführung sind etwa die regelmäßige Prüfung der Mitarbeitendenleistung hinsichtlich Qualität und Quantität und bei ungenügenden Leistungen das Aufzeigen von Verbesserungsmaßnahmen. Weiter kann die jährliche Erhebung der Mitarbeitendenzufriedenheit und gegebenenfalls das Umsetzen von Maßnahmen, um diese zu erhöhen, zielführend sein.

Fazit 5

Die letzten Jahre haben aufgezeigt, dass überdimensionierte und zu komplexe Kontrollsysteme im Finanzbereich sich nicht bewährt haben. Insbesondere kleine und mittelgroße Unternehmen wurden durch den zusätzlichen Aufwand in personeller und finanzieller Art daran gehindert, ein IKS als nutzenstiftendes Führungsinstrument zu verstehen und in den Führungsalltag zu integrieren. Diese Erkenntnis gab den Autoren Anlass, sich zu überlegen, wie auch ressourcenschwächere Unternehmen ein IKS erfolgreich und – wo gesetzlich nicht verlangt – auf freiwilliger Basis umsetzen können. Die Forschungs-, Projekt- und Beratungserfahrungen haben in dieser Hinsicht hervorgebracht, dass die Ausnutzung von Synergien mit bereits bestehenden Führungsinstrumenten, der Einsatz von IT-gestützten, automatisierten Kontrollen und ein ausgeprägtes internes Umfeld kosteneffiziente Optionen für kleine und mittelgroße Unternehmen darstellen.

Dieses *essential* verfolgte nicht das Ziel, die regulatorischen Anforderungen bzw. die Ansprüche der externen Revision an ein IKS vollumfänglich abzudecken. Vielmehr ging es darum zu zeigen, dass ein IKS aus unternehmerischer Sicht zu den Unternehmenszielen und somit auch zum nachhaltigen Unternehmenswachstum einen wertvollen Beitrag leisten kann. Dies ist dann der Fall, wenn das IKS in pragmatischer Weise in die täglichen Aktivitäten aller Führungskräfte und Mitarbeitenden Einzug hält.

© Springer Fachmedien Wiesbaden GmbH, ein Teil von Springer Nature 2018
S. Hunziker et al., *Interne Kontrollsysteme im Finanzbereich,* essentials,
https://doi.org/10.1007/978-3-658-22982-5_5

Was Sie aus diesem *essential* mitnehmen können

- Sie kennen die unterschiedlichen Begriffsauslegungen eines „internen Kontrollsystems" und wissen, welcher Ansatz für Ihr Unternehmen zielführend ist.
- Sie wissen welche erfolgsrelevanten Aspekte und Aktivitäten im Mittelpunkt stehen, um ein effektives und effizientes IKS umzusetzen.
- Sie verstehen welche übergeordneten und spezifischen Maßnahmen Ihr Unternehmen bei der Risikoreduzierung unterstützen können.

© Springer Fachmedien Wiesbaden GmbH, ein Teil von Springer Nature 2018   55
S. Hunziker et al., *Interne Kontrollsysteme im Finanzbereich,* essentials,
https://doi.org/10.1007/978-3-658-22982-5

Literatur

AktG – Aktiengesetz vom 6. September 1965 (BGBl. I S. 1089), das zuletzt durch Artikel 9 des Gesetzes vom 17. Juli 2017 (BGBl. I S. 2446) geändert worden ist.

Augsten, T., Brodbeck, H., & Birkenmeier, B. (2017). *Strategie und Innovation. Die entscheidenden Stellschrauben im Unternehmen wirksam nutzen.* Wiesbaden: Springer Gabler.

Auzair, S. M., & Langfield-Smith, K. (2005). The effect of service process type, business strategy and life cycle stage on bureaucratic MCS in service organizations. *Management Accounting Research, 16*(4), 399–421.

Becker, W., & Holzmann, R. (2016). *Kosten-, Erlös- und Ergebnisrechnung* (2. Aufl.). Wiesbaden: Springer Gabler.

Böckli, P. (2009). *Schweizer Aktienrecht* (4. Aufl.). Zürich: Schulthess.

Bungartz, O. (2017). *Handbuch Interne Kontrollsysteme (IKS). Steuerung und Überwachung von Unternehmen* (5. Aufl.). Berlin: Schmidt.

COSO. (2013). *Internal control – Integrated framework. Framework and appendices.* Jersey City: Committee of Sponsoring Organizations of the Treadway Commission.

DCGK – Deutscher Corporate Governance Kodex (in der Fassung vom 7. Februar 2017 mit Beschlüssen aus der Plenarsitzung vom 7. Februar 2017). https://www.dcgk.de//files/dcgk/usercontent/de/download/kodex/170424_Kodex.pdf. Zugegriffen: 30. Apr. 2018.

Dillerup, R., & Stoi, R. (2016). *Unternehmensführung. Strategien – Werkzeuge – Praxis* (5. Aufl.). München: Vahlen.

Durrer, M. (2017). *Die Pflicht des Verwaltungsrates zum integralen Risikomanagement in KMU.* Zürich: Dike Verlag.

Hunziker, S. (2015). *Erfolg der Internal Control – Eine empirische Analyse aus Sicht des Managements.* Dissertation, Universität St. Gallen, St. Gallen.

Hunziker, S., Baumeler, A., & Rautenstrauch, T. (2008). *Identifikation und Dokumentation von Kontrollen im Rahmen eines Internen Kontrollsystems.* IFZ Working Paper Series, Zug.

Hunziker, S., Fallegger, M., & Renggli, S. (2015a). Integrierte Steuerung und Kontrolle von KMU mit IT. *KMU-Magazin, 10,* 96–100.

Hunziker, S., Dietiker, Y., Schiltz, K., & Gwerder, L. (2015b). *Ganzheitliche Risikosteuerung in 10 Schritten. Risikomanagement und IKS für Schweizer Gemeinden.* Bern: Haupt.

© Springer Fachmedien Wiesbaden GmbH, ein Teil von Springer Nature 2018
S. Hunziker et al., *Interne Kontrollsysteme im Finanzbereich,* essentials,
https://doi.org/10.1007/978-3-658-22982-5

KPMG (Hrsg.). (2010). *Nachhaltigkeit interner Kontrollen – KPMG Umfrage bei Schweizer Unternehmen.* Zurich: KPMG Holding AG.

Liao, Y.-S. (2005). Business strategy and performance: The role of human resource management control. *Personnel Review, 34*(3), 294–309.

Maijoor, S. (2000). The internal control explosion. *International Journal of Auditing, 4*(1), 101–109.

Manz, G., Mayer, B., & Schröder, A. (2016). *Die Aktiengesellschaft. Umfassende Erläuterungen, Beispiele und Musterformulare für die Rechtspraxis* (7. Aufl.). Freiburg: Haufe-Lexware.

Mattig, F., & Grab, H. (2010). Risikobeurteilung und IKS für KMU: Ein Jahr danach – erste Erfahrungen. *Der Schweizer Treuhänder, 4,*190–194.

Merchant, K. A., & Van der Stede, W. (2017). *Management control systems: Performance measurement, evaluation and incentives* (4. Aufl.). Harlow: FT Prentice Hall.

Morris, M. H., Allen, J., Schindehutte, M., & Avila, R. (2006). Balanced management control systems as a mechanism for achieving corporate entrepreneurship. *Journal of Managerial Issues, 18*(4), 468–493.

NTT Data (Hrsg.). (2011). *Internes Kontrollsystem 2.0. Herausforderungen Effizienz und Wirksamkeit.* München: NTT Data Deutschland GmbH.

ÖCGK – Österreichischer Corporate Governance Kodex, Fassung Jänner 2018. http://www.corporate-governance.at/uploads/u/corpgov/files/kodex/corporate-governance-kodex-012018.pdf. Zugegriffen: 30. Apr. 2018.

OR – Bundesgesetz betreffend die Ergänzung des Schweizerischen Zivilgesetzbuches (Fünfter Teil: Obligationenrecht) vom 30. März 1911 (Stand am 1. April 2017), SR 220.

Paetzmann, K. (2012). *Corporate Governance. Strategische Marktrisiken, Controlling, Überwachung* (2. Aufl.). Berlin: Springer Gabler.

Pfaff, D., & Ruud, F. (2016). *Schweizer Leitfaden zum Internen Kontrollsystem (IKS)* (7. Aufl.). Zürich: Orell Füssli.

Rautenstrauch, T., & Hunziker, S. (2011). *Internes Kontrollsystem. Perspektiven der Internen Kontrolle.* Zürich: WEKA Business Media AG.

Reichert, F. (2009). *Internal Control bei mittelständischen Dienstleistungsgesellschaften: Eine empirische Studie zur Ausgestaltung der COSO-Zielkategorien.* Dissertation, Universität Zürich, Zürich.

Sackmann, S. (2017). *Unternehmenskultur: Erkennen – Entwickeln – Verändern* (2. Aufl.). Wiesbaden: Springer Gabler.

SCBPCG – Swiss Code of best practice for corporate governance. https://www.economiesuisse.ch/sites/default/files/publications/economiesuisse_swisscode_d_web.pdf. Zugegriffen: 30. Apr. 2018.

Schenker, U. (2015). Verwaltungsrat in der Praxis – Rechtliche Anforderungen. https://www.walderwyss.com/publications/1697.pdf. Zugegriffen: 30. Apr. 2018.

Simons, R. (1995). *Levers of control: How managers use innovative control systems to drive strategic renewal.* Boston: Harvard Business Review Press.

Sommer, K. (2010). *Risikoorientiertes Zusammenwirken der Internal Control, des Risikomanagements, des Internen Audits und der Externen Revision. Theoretische Analyse, konzeptionelle Ansätze und praktische Gestaltung.* Dissertation, Universität St. Gallen, St. Gallen.

Sutter, E., Hunziker, S., & Grab, H. (2014). *IKS Leitfaden. Internes Kontrollsystem für Nonprofit-Organisationen* (2. Aufl.). Bern: Haupt.

Treuhand-Kammer. (2007). *Schweizer Prüfungsstandard: Prüfung der Existenz des internen Kontrollsystems (PS 890)*. Zürich: Treuhand-Kammer.

Treuhand-Kammer. (2010). *Schweizer Prüfungsstandards (PS) – Ausgabe 2010*. Zürich: Treuhand-Kammer.

Universität Zürich. Gesellschaftsrecht. http://www.rwi.uzh.ch/elt-lst-vogt/gesellschaftsrecht/organisation/de/html/verwaltungsrat_organisationsreglement.html. Zugegriffen: 13. Apr. 2018.

Lesen Sie hier weiter

Stefan Hunziker,
Jens O. Meissner *(Hrsg.)*

**Ganzheitliches Chancen-
und Risikomanagement**
Interdisziplinäre und
praxisnahe Konzepte

2018, XI, 194 S., 42 s/w-Abb.
Softcover € 39,99
ISBN 978-3-658-17723-2

Änderungen vorbehalten.
Erhältlich im Buchhandel oder beim Verlag.

Einfach portofrei bestellen:
leserservice@springer.com
tel +49 (0)6221 345 - 4301
springer.com

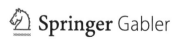

Printed in the United States
By Bookmasters